世界史の大逆転

国際情勢のルールが変わった

佐藤 優　宮家邦彦

角川新書

はじめに

じつは数年来、佐藤優氏とは二人だけで夕食をとりながら大放談会をやっている。話題はつねに世界一周、ヨーロッパ、中東から中国、アメリカまで、話の夕ネが尽きたことは一度もない。このところ、国際情勢はわずか数カ月ごとに大きく変化してきた。だからこそ、そうした数カ月おきの意見交換がじつに参考になるというか、大いに知的刺激を受けるのだ。

以前にも語ったことがあるが、外務省時代、私は彼と話をしたことがなかった。二〇〇二年に一連の事件が起きたときも、私は北京の日本大使館にいて、接触はまるでなかった。知的領域でも接点は少ない。彼の専門がヨーロッパ、ロシア、神学、哲学などであるのに対し、私が経験したのはアメリカ、中東、中国だったからだろう。しかし、ここまで接点がないと、逆に妙な気負いもなくなるから不思議なものである。

彼の視点はあらゆる事象に対し、つねに新鮮で的を射ている。まるでレーザービームのような強力な光を照射するので、光と影がはっきりと見える。それを自分が見た光と影と比べるだけで、事象の本質が立体的に浮かび上がってくる。誤解を恐れずにいえば、「頭のよい」人の話は無駄がなく、よく整理されている。こうした人たちとの対話で得られる知的興奮は、何物にも代えがたいものだ。

ここ数年の世界で起こりつつあるのは、何十年に一度の巨大な地殻変動ではないか。かつて我々が「常識」であると思ってきた流れが、予測を裏切るようなかたちで、ことごとく逆転しはじめたのだ。こうした構造的変化の本質を知るにはどうすべきか。同じ外務省出身ながら、背景と専門の異なる二人が議論のなかで到達した結論は、じつによく似ている。

この対談では、そうした混沌《こんとん》たる国際情勢のトレンドを「世界史の大逆転」という視点から、六つのテーマで切り出している。経済が国際政治と従来以上に密接につながり、戦略利益が経済的利益に優先する時代に入ったいま、そうした新たなトレンドを理解することは、きわめて重要だと思う。

本書の第1章「米朝首脳会談後の東アジア」では、アメリカが北朝鮮の核保有を認める可能性について、第2章「国際情勢は『感情』で動く」では、トランプ政権がアメリカ国内で支持される理由などについて、第3章「核抑止から核拡散の時代へ」では、今後の核抑止政策のあり方について、それぞれ突っ込んだ意見交換を行なっている。

さらに第4章「混迷する中東と『脱石油』の衝撃」では、エルサレムをイスラエルの首都と認定したトランプ政権の中東政策などについて、第5章「AIが世界の『常識』を覆す」では、AI（人工知能）の進歩と限界について分析を加え、第6章「民主主義はもう限界なのか」では、欧米各国で国民が「独裁者」の登場を望んでいる現状を踏まえつつ、世界史の大逆転現象を総括する。

もちろん、本書は予言集ではない。奇しくもほぼ同時期に外務省を離れた二人が、過去数十年の経験を踏まえ、それぞれ思い思いの視点から、激動する国際情勢の方向性を見極めようとする新たな知的試行錯誤の結果である。その本書が読者のみなさまに何らかの知的刺激を与え、日本生き残りのための意識を高めることができるなら、望外の幸せだ。

宮家邦彦

目　次

第2章　国際情勢は「感情」で動く

第3章 核抑止から核拡散の時代へ

第4章 混迷する中東と「脱石油」の衝撃

第5章 ＡＩが世界の「常識」を覆す

第6章　民主主義はもう限界なのか

おわりに――佐藤優　221

第1章　米朝首脳会談後の東アジア

北朝鮮の核保有を認めたアメリカ

米朝首脳会談はトランプ大統領の「投機」

宮家　二〇一八年六月十二日、シンガポールで歴史的な米朝首脳会談が開かれ、世界中の注目を集めました。じつは私は二〇一四年十月、『哀しき半島国家 韓国の結末』（ＰＨＰ新書）という本を出しています。佐藤さんに「コリアの本質を知る最良のインテリジェンス！ 世の『嫌韓論』とは次元が違う」という推薦文までいただいて、身の引き締まる思いがしたものですが……。

佐藤　宮家さんがそのなかで指摘されたとおりの枠組みで、世の中は動きましたね。

宮家　おかげさまで。そこで書いたのは朝鮮半島の未来に関するさまざまなシミュレーションでしたが、そうしたシミュレーションのなかで日本にとって最善のシナリオは、「中華地域の非強大化、マンジュ（満洲）地方の安定とコリアの統一・安定・繁栄によって、北東ユーラシア地域でのバランス・オブ・パワーをより確実なものにする」ということでした。

当時は朝鮮半島の問題が完全に固定化されていて、微動だにしなかった。そうしたなかであんな本を書くのは、かなりリスクがあると自身では考えていたのですが、いまここに至って、予測どおりに事態が動きはじめたような気がします。

ただし、それに至るまでには道のりがいくつかあって、その途中には多くのミッシング・リンクもある。それらが今後、どうやら埋まっていくのではないかという予感がしているのです。まだ確信ではないのですが……。

一九五三年、ちょうど私が生まれた年に朝鮮戦争の休戦協定が結ばれました。これによって朝鮮半島の南北の分断が固定化されたことは間違いないのですが、同時にもう一つの効果もあった。

それは何かといえば、北東アジア地域の相対的安定です。この安定がなければ、日本の戦後の奇跡の経済復興はなかったでしょう。当時の日本は朝鮮戦争特需に沸きましたが、もし戦争が継続していたら、むしろ悪影響が及んでいたかもしれません。韓国も「漢江《ハンガン》の奇跡」と呼ばれる驚異的な経済復興を成し遂げるわけですが、これも休戦協定がしっかり機能したからということができます。さらにいえば、鄧小平《とうしょうへい》による中国の改革開放政策も、朝鮮半島情勢が落ち着いたからこそ可能だった。そう考えれば、じつは一九五三年体制というのは、北東アジアに大いなる安定と繁栄をもたらした体制だったわけです。

そうした前提のなかで、二〇一八年の米朝首脳会談をどう位置づけるべきか。さまざまな議論が出ましたが、私の見るところ、これはあまりに唐突だといわざるをえませんでした。ひとえにドナルド・トランプのキャラクターがなせる業だといってよい。トランプというプレーヤーが入ってこなければ、物事はこれほど早く動かなかったはずです。

言い換えるなら、トランプはなかば衝動的に、おそらくは戦略的な発想もないまま、北朝鮮の金正恩《キムジョンウン》朝鮮労働党委員長と会談すると決めた。それを韓国の代表団に言い放ったのが、三月八日でしたね。訪米した韓国代表団から同日に伝えられた金正恩委員長の会談の意向に、その場で応じたかたちでした。

佐藤 あれは、外交的には異例なことでした。

宮家 通常なら考えられません。外交上の積み上げがあったわけではなく、トップダウンで決定しようという話ですから。

佐藤 しかも、その発表を韓国大統領府の鄭義溶《チョンウィヨン》国家安全保障室長にいわせた。そうすることで、会談を既成事実化したわけです。ホワイトハウスや米国務省に下ろしたら、おそらく猛反対されて、トランプはツイートすらできない状況になっていたでしょう。だから第三国の韓国にいわせた。もっとも、韓国にとっては、アメリカとの信頼関係構築に成功したともいえるでしょうが。

しかし、それほど昔に知り合っていない人物に重要なことを委ねてしまうのは、政治家のメンタリティではありません。これは投機行為に慣れたビジネスパーソンの思考です。

宮家　しかもそれは「交渉」ですらない。まさに「投機」という言葉がぴったりでした。

目くらましとしての「北朝鮮カード」

宮家　この三月八日の発表の最中、たまたま私はインディアナポリスからサンフランシスコに飛んでいました。サンフランシスコに着いたら、東京から次から次へと電話がかかってきた。「米朝首脳会談はいつやるんですか？　どこでやるんですか？」と。

そこで私は、「ほんとうに実現するか、それはわからないよ」と答えた。「なぜですか？」と尋ねられたので、こう説明しました。三月八日は木曜日でしたが、この週は月曜日からトランプの周辺でいろいろなことが起こったんです。まず月曜日は、トランプ陣営の元側近が、宣誓証言を求めたロシアゲートの特別検察官の召喚状を拒否し、メディアで大炎上した。火曜日は、トランプの不倫相手のポルノ女優に口止め料を払った話が蒸し返されて、また炎上。同夕方には経済政策の要《かなめ》だった国家経済会議（ＮＥＣ）のゲイリー・コーン委員長の辞任が報じられています。

この種の話が出てくると、これまでの傾向を考えれば、目くらましをやる、というのがトランプの常套手段。米朝首脳会談すらそうした発想のなかで、苦し紛れに持ち出した可能性もある。繰り返すように、それは下交渉を積み上げ、熟慮のうえで決定したわけではありません。だからその時点では、ほんとうに実現するかどうかは不確かだったのです。

佐藤　北朝鮮カードというのは、いつもそうしたなかで出てきますね。その使い方は韓国も同じです。たとえば二〇一八年四月の南北首脳会談の開催についても、三月六日の時点で先に発表したのは北朝鮮側でした。当時、韓国では文在寅《ムンジェイン》の次の大統領と目されていた安熙正《アンヒジョン》にレイプ疑惑が出て、大騒ぎになっていた。しかも彼はいわゆる「＃Me Too（ミートゥー）」運動の中心的な人物でもあったので、余計に世間の関心が集中していました。

そのタイミングで、朝鮮中央通信が朝早くに北南首脳会談を開催すると報じ、青瓦台がそれを追認することで、関心を一気に引き寄せた。やはり北朝鮮カードが、内政の危機で使われたわけです。

宮家　韓国と北朝鮮は、ある意味でお互いに助け合った格好ですね。だいたい金正恩が韓国への対話姿勢を示したのが二〇一八年一月一日の「新年の辞」。そして一月九日には早くも南北閣僚級会談で合意が成立した。たった八日間で、こんな舞台が整うことはありえない。その前年から仕込んでいたにちがいありません。

佐藤　おっしゃるとおりで、仕込みがなければ、そんな短期間で閣僚級会談ができるはずがない。

宮家　ということは、おそらく二〇一七年秋、遅くとも冬の段階で、南北の実質的な連絡があり、大まかなシナリオができていたのではないか。閣僚級会談にしても、首脳会談にしても、場当たり的に決められる話ではありませんから。

佐藤　あらためて二〇一八年の「新年の辞」をチェックすると、やはりそれまでにはないことが起きていました。まず、金正恩が人民服を着ていない。彼は背広姿でした。それにもう一つ、金日成《キムイルソン》・金成日《キムジョンイル》バッジをつけていなかった。これは非常にシンボリックな意味をもちます。遺訓政治とは別の「フリーハンドを自分はもっている」というアピールでしょう。

宮家　アメリカにしても、韓国にしても、そのようにしてつねに北朝鮮を「カード」と見ているなかで、トランプに「朝鮮半島の大きな歴史の流れを動かす、そのために戦略的な思考を積み重ねる」とか、「アメリカがイニシアティブをとる」といった発想を求めるほうが難しいでしょう。

第二回目の米朝首脳会談が開催されてもなお、マイク・ポンペオ国務長官はトランプのやり方に完全には賛成していないと思います。アメリカ政府の外交・安全保障を担うチームの誰一人として、トランプが正しいとは思っていない可能性すらある。しかし、そう発言したとたんに職を解かれるから、誰も何も言い出せない。

トランプは「アメリカ・ファースト」という言葉を使いますが、その優先順位としては、内政と自分自身が「ファースト」です。外交的な利益、つまり国益というのは、おそらくその最後に来るものでしょう。

「一九五三年体制」から「新アチソン・ライン」へ

宮家　その結果として、六月十二日に第一回米朝首脳会談が実現したわけですが、その意味として最も重要なのは、トランプがそれを意識していたかどうかは別として、金正恩の存在を必要以上に国際的に認知し、それを保証してしまった、ということでしょうね。

これまでアメリカにとって金正恩とは、ユーラシア大陸の東端にある半島の北半分を占める小国の独裁者でしかなかった。しかしその人物を、アメリカの大統領と肩を並べ、対等に話ができる男にしてしまったわけです。

これで世界の金正恩に対する見方が一変しました。たとえば中国の習近平国家主席は、米朝首脳会談が決定したあと、会談までに三度も金正恩に会っています。何とか北朝鮮をコントロールしたい、という思惑があるからでしょう。ロシアのウラジーミル・プーチン大統領も、金正恩をロシアへと招こうとしているようです。ヨーロッパ諸国も、もともと北朝鮮とは外交関係があり、少なからぬ交流がある。

トランプが北朝鮮という国家に国際的なお墨付きを与えてから、ことほどさように各国は一気に動き出したわけですが、そこでアメリカには見返りがほとんどない。

その結果、何が起きるか。私が冒頭に申し上げた「一九五三年体制」の土台の崩壊です。当時から今日まで、北朝鮮が侵攻するかもしれないという前提で、米韓、もしくは米韓に少し日本も絡むかたちでの抑止が行なわれてきました。とくに朝鮮戦争終結当初は、それはまさに「いまそこにある危機」だった。その後、情勢は少しずつ安定しましたが、軍事的抑止という建前は残りました。昨今も惰性ではありながら、この抑止力はかなり機能していたと思います。

佐藤　しかも、一九五三年体制の本質は「核兵器をもたない北朝鮮」を、同じく「核兵器をもたない韓国」がアメリカとともに抑止することでした。ところが一九九〇年代以降、北朝鮮は生き残りのために核兵器の開発を本格化させていきます。あれから二十数年経ち、いまや北朝鮮は、事実上の核兵器保有国となっています。

宮家　おっしゃるとおりです。しかも、二〇一八年六月十二日を契機として、一九五三年体制はさらに大きく変化しはじめた。まだ目に見えるものとしては現れていませんが、これからその変化はさらに加速していくでしょう。

具体的には二つのことがいえます。一つは、北朝鮮が核兵器を放棄どころか、今後も持ち続けるということ。もう一つは、アメリカにはこの問題を解決するための軍事的オプションがない、ということです。こうした関係性ができあがった以上、その主導権はつねに北朝鮮がもつことになります。これは、金正恩がトランプの足元にある国内問題をよく観察した成果だと思います。

しかし、その後に発表されたシンガポール共同声明をよく読むと、そこで合意されたことは何一つとしてない。

たしかに、金正恩は国内の核を放棄すると再三語っていますが、あくまでもそれは最後の手段です。そのうち大統領の座からトランプがいなくなり、既成事実が積み重なって北朝鮮が国際社会で人並みの仕事をするようになれば、「もう戦争状態ではない」とアピールできる。そうしたなかで朝鮮戦争も「停戦・休戦」ではなく、「終結」のかたちにもっていくことができます。それが金正恩のシナリオでしょう。

その一方で、アメリカは戦争終結に反対する立場を崩していません。これは当然で、戦争終結を宣言したとたん、在韓米軍の存在意義がなくなるからです。それは、米軍の東アジア全体における配置バランスが変わることを意味します。最悪の場合、在韓米軍、とくに陸軍の撤退が視野に入ってくる。そうなれば、もともと在韓の米海軍の規模は大きくありませんから、在韓米空軍のプレゼンスがどうなるかも気になってきます。

佐藤　そうした動きは、中国はもちろん、ロシアにとっても戦略的な意味をもちます。東アジアの戦略情勢は、何十年かに一度の大きな転換期を迎えていると思います。

宮家　そこで注目すべきは、「アチソン・ライン」でしょう。一九五〇年一月、当時、アメリカのディーン・アチソン国務長官がワシントンD.C.のナショナルプレスクラブで行なった演説で、「アリューシャン列島から日本列島を通り、琉球に連なるラインの外側では、軍事的に何が起きても不思議ではない」と発言しました。米軍が守るべきはこのラインの内側であり、外側は守る気がないというわけです。そうなると、韓国も、台湾も、ラインの内側には入りません。

つまりアメリカが朝鮮半島から撤退するという発想は、一九五〇年の段階からあったということです。だからこそ、もちろん、それだけが理由ではありませんが、この発言を聞いた金日成は、南への侵攻を開始した。アメリカに守る気がないなら、勝算は十分にある、と。

そしてそれは一九五〇年六月の朝鮮戦争へと発展し、一九五三年に停戦協定という新たなレジームが成立しました。その一年後に日本では自衛隊が創設され、一九六〇年には日米安全保障条約（日米安保条約）が改定され、日本の安全保障政策の基本がつくられた。これは決して偶然ではありません。いまでも日本の安全保障政策はこれらに適宜、修正を加えながら、現在に至っているわけです。

つまり、先の米朝首脳会談をきっかけとして、アメリカは「アチソン・ライン」の時代に戻るかもしれない、ということです。だとすれば、そこで必要とされるのは「非核化」ではなく、一九五三年体制から新しい体制に移行することではないか。

その場合、さまざまな論点が出るでしょう。まずアメリカは、東アジアにおけるコミットメントについてどう考えているのか。それに中国がどう対応するか。そして、日本の安全保障政策にどういう影響があるか。

佐藤　たしかに「アチソン・ライン」が甦る可能性があります。ただ、その場合「アチソン・ライン」では含まれていなかった台湾もアメリカの防衛圏に入るので、「新アチソン・ライン」と呼んだほうがよいと思います。

脅威とは、意思と能力によって形成されます。そこでトランプを突き動かしている理屈はきわめて単純で、北朝鮮の核能力を物理的に除去するにはコストがかかりすぎる、もう一つの方法としては仲良くするしかない、彼の意思を削《そ》ぐしかない、ということでしょう。

宮家　仲良くするかどうかは別にして、現状を追認せざるをえないのかもしれない。

佐藤　しかもそれほど深く考えず、そうした行動に出ていることは深刻です。考えながら戦略的に行なっていることならば、矯正も可能です。しかし、無意識のうちにそう動いているとすれば、これは直しようがない。

宮家さんがおっしゃるとおり、それはアメリカの政治エリートの思惑とは別次元の発想でしょう。もっといえば、それはトランプ一人の個人的な思惑というわけでもないと思います。

トランプを支えているのは、「アメリカ的なるものの集合的な無意識」ではないかと思います。彼の支持層にはヒスパニックたちに職を奪われた白人たちが多いといわれますが、そういう人々の期待をトランプは背負っている。衝動的な行動の背後には、そうした彼らの「期待」という構造的な要因がある。

宮家　そして、その「期待」によってもたらされる変化とは、不可逆的かもしれない。

佐藤　〝ゆで卵〟になってしまったら、いまさら〝生卵〟には戻せません。

歴史の転換期には国民の「無意識」に注目せよ

佐藤　先のシンガポール共同声明について、日本のメディアはいずれも全文を紹介しませんでしたね。大して長くもないのに、要旨の報道に終始していました。比較的全体に近いものを出したのは、『日本経済新聞』だけです。

この種のものは、全文を出してきちんと読ませることが基本だと思いますが、報道姿勢も一昔前とはずいぶん変わったという印象があります。おそらく意識的にそうしているわけではないのでしょうが。
　もしかすると無意識のなかで、あってはならないことが起きてしまった、と感じているのかもしれません。米朝が仲良くなれば、一九五三年体制そのものが崩れてしまう。それは我々の日米同盟の与件を大きく変化させるわけですから、それについて知るのは怖い、と感じていても不思議ではありません。

宮家　なるほど、そういう忌避感があるわけだ。たしかにそのとおりで、歴史が動くときには、時の政治指導者の思惑だけでなく、各国の一般庶民が何を求めているかを知るのも重要かもしれません。

佐藤　そう思います。そこで重要なのは、それではアメリカの無意識のレベル、あるいは韓国の無意識のレベルはどのあたりにあるのか、ということです。外交のプロたちが戦略的に構築していることがうまくいかない場合、その基底にある、国民の無意識に目を向けるべきでしょう。
　たとえば一九五三年体制にしても、少なくとも停戦協定で見れば、よく知られているとおり、韓国はそれを承認しなかったので当事者ではありません。そこにおける当事者は、国連軍という名のアメリカと、中国の人民義勇軍、それに北朝鮮です。

ところがあの共同声明では、その前提が崩れている。合意点は四つあり、そのうち三つの主語は「朝鮮民主主義人民共和国とアメリカ合衆国は」ですが、一つだけ「朝鮮民主主義人民共和国は」です。以下の文言です。

「3　2018年4月27日の『板門店宣言』を再確認し、北朝鮮は朝鮮半島における完全非核化に向けて努力すると約束する」（『日本経済新聞』）

「板門店《パンムンジョン》宣言」のポイントは、この一九五三年体制のゲームで外されていた韓国を、正式なプレーヤーとして迎え入れるということです。米朝共同宣言は、これを入れ子構造のかたちで認めている。

宮家　つまり「板門店宣言」を承認したということだから、間接的に韓国も当事者になる、というわけですね。

佐藤　そういうことです。そこで面白いのは、その部分に「アメリカ合衆国は」という主語が入っていないこと。おそらく北朝鮮としては、主語に「アメリカ合衆国」も入れたかったはずです。「板門店宣言」の内容をアメリカにも承認させたいわけですから。しかし文言を詰める段階になって、さすがに外そうという話になった可能性がある。そもそも四項目あるうち、一項目だけ主語が違うというのは、外交文書としておかしいですよね。

宮家　やはり、あの米朝首脳会談は事務レベルによる十分な準備の結果ではないということでしょう。「衝動的」に始まった首脳会談ですから、仕方ないのですが。

佐藤　それから、四項目の前にある以下の文言も面白い。

「トランプ大統領と金委員長は、新たな米朝関係の確立と、朝鮮半島における持続的で強固な平和体制の構築に関連する諸問題について、包括的で詳細、かつ誠実な意見交換をした。」(同右)

これは、いかにもソ連流の文章です。「包括的」というのは、タブーなしに話をしたということです。そして「誠実な意見交換」というのは、旧共産圏のクレムリノロジー的に解釈すれば、意見が激しく対立したということです。その結果の妥協点が、以下の四項目ということでしょう。

それから、この宣言にはもう一カ所、終盤に非対称なところがあります。

「米朝首脳会談の成果を履行するため、米国と北朝鮮はマイク・ポンペオ米国務長官と北朝鮮の担当高官が主導して、できるだけ早い日程でさらなる交渉を行うと約束する。」(同右)

アメリカ側は、窓口を一本化しているわけです。他の誰が出てこようが話をする必要はないし、合意にない以上、いっさい無視してかまわない。その一方、北朝鮮側の担当高官がコロコロ入れ替わったとしても、アメリカはいちいち付き合わなければいけない。こういう非対称な合意も珍しい。

宮家　その部分は私も印象に残っています。要するに、北朝鮮で妥協できるのは金正恩だけですからね。その金正恩が「ＮＯ」といっている以上は何も動かない。ポンペオが何をやろうと、うまくいくわけがありません。

佐藤　つまり北朝鮮側としては、今後も核兵器を持ち続ける。それをアメリカがどういうかたちで認めるかについては交渉の余地を残す、ということです。

宮家　そうです。だから繰り返すように、何かで合意に達したというよりも、北朝鮮は金日成・金正日が打ち出した政策を、金正恩も基本的に継承しているようにしか見えない。それを前のめりになったトランプが、実質的に承認してしまった。つまり、北朝鮮が核保有国であるという前提が不可逆的に強化される一方、アメリカの軍事オプションはなくなりつつある、ということです。

佐藤　そういう意味では、米朝首脳会談というのは、いわば北朝鮮を〝リビア化〟するのではなく、〝パキスタン化〟した、ということでしょうね。

米朝首脳会談は「エピソード1」だ

北朝鮮と〝下品なカネ〟の不穏な動き

佐藤　ならば、アメリカのお墨付きを得た北朝鮮はどうなるか。まず気になるのはカネの動きです。それも表向きのものではなく、〝下品〟なカネ。たとえば北朝鮮にカジノを建設する、などのアイデアが出てくることが考えられます。

宮家　そういえば私、北朝鮮のカジノに行ったことがあるんですよ。たしかにあれを大々的にやれば、話題を呼ぶかもしれません。

佐藤　なぜこんな話をするのかといえば、私はソ連崩壊の前後にモスクワにいた経験があるからです。ソ連体制の終わりからプーチンの第一期政権まで、カジノが乱立していた。目的は何だと思いますか？

宮家　カネでしょう。マネーロンダリング（資金洗浄）ができるから。

佐藤　そう。要するに、贈収賄のためです。当時、ロシアの公務員の正規の給与は、ドル換算で一カ月五ドル程度でした。それも遅配気味。しかし生活のためには、最低でも三〇ドルは必要だった。

宮家　そこで、カジノで三〇ドル勝たせよう、というわけですね。一昔前の中国もそうでした。

佐藤　そうなんです。あるいは「このチップで遊んでくれ」といって渡すだけでもよい。そうすると人間は抵抗することなく受け取ってしまいます。あとは別に賭けなくてもよいわけです。チップをドルに戻せばよいのですから。こういうかたちできめ細かく賄賂を渡すために、カジノはきわめて便利です。

宮家　ただ北朝鮮の場合、私がカジノで会ったのは中国人だけでした。おそらくロシア人も来ないでしょう。だから、もし北朝鮮に本格的なカジノ施設をつくるとすれば、中国との国境付近になるかもしれませんね。

私が平壌《ピョンヤン》に行ったときは、宿泊したホテルの地下にカジノ兼カラオケ兼中華料理屋のような店がありました。すべて中国語で書かれていて、ディーラーも中国人。たまたま近くにいた管理人に「どこから来た？」と尋ねたら、「マカオから」といっていました。

佐藤　別に中国との国境ではなく、観光都市の元山《ウォンサン》にでも建てて、クルーズ船を周回させればよい。マカオ、仁川《インチョン》、それに元山と回れば、よいカジノ・クルーズになる。北朝鮮が当面必要としているカネは、そこで稼ぐことができるわけです。国家の上層部の収入としては、十分でしょう。

ソ連崩壊のプロセスでも、ボリス・エリツィン周辺の高官たちは、こういう類の裏金であるとか、チェチェンからの密輸であるとか、そういうもので凌いでいた。だいたい体制の転換期というのは、カネが必要になる。それは国の制度を新たに整えるための投資という意味ではなく、エリート個人のため。彼らは自身の生き残りを賭けて、必死で小金を集めようとするんです。

かつて、マカオの匯業銀行（バンコ・デルタ・アジア）が北朝鮮のマネーロンダリングにかかわっているとして、アメリカの金融機関との取引を停止されて取り付け騒ぎを起こしましたね。それに対して北朝鮮は猛烈に反発した。あれだけ過剰反応したということは、彼らにとってこういう汚いカネの流れに魅力がある証拠でしょう。

この手の話は、諸外国の普通の政治家にとっては、かなり抵抗感があるはずです。しかし、北朝鮮はそもそも普通ではない。むしろ背に腹は代えられない状況で、あらゆる手段を駆使してでもカネがほしい。それは偽札でもよいし、麻薬を売ってでもよい。ところが問題は、そういうことに関してトランプの抵抗感が薄いことです。これは非常に不安です。

宮家　そうしたことは十分に起こりえますね。とくに北朝鮮の地下経済には中国が深く入り込んでいる。私が北朝鮮で見かけたビジネスパーソンは、中国人が圧倒的に多かったのを覚えています。仮にトランプが北朝鮮のカネの動きを容認しようが、しまいが、中国は勝手に動くでしょう。自分たちの影響力が高まりますからね。

佐藤　そうすると、北朝鮮は文字どおり〝マフィア国家〟化していきます。もともとの全体主義国家にマフィア的な体質が加われば、核拡散どころか、犯罪拠点国家になりかねません。

宮家　おっしゃるとおりです。このまま行けば制裁は完全には解除されないので、北朝鮮としては、どうしても制裁破りをしないと体制を維持できない。だからこそ、そうした話が必要になる。

ならば、いまのアメリカが制裁を全面的に解除するかといえば、それはありえない。トランプが何を言い出すかはわかりませんが、周囲のスタッフは絶対に認めないでしょう。そもそもあの米朝首脳会談は、じつは米朝関係の問題ではなく、最近始まった米中間の覇権争いの一側面と見るべきです。『スターウォーズ』でいえば「エピソード１」にすぎない。北朝鮮問題とは、いま起きている米中の壮絶な戦いというなかでの一側面なのです。『スターウォーズ』ですから、「エピソード１」に続いて、ほかにもさまざまなエピソードが存在しています。もちろん米中貿易戦争もその一つだし、南シナ海や東シナ海への中国の海洋進出の問題もある。中国が進める一帯一路政策も、アメリカと衝突しないわけがありません。『スターウォーズ』には「エピソード９」までが存在しますが、米中の戦いもそのくらいは続くでしょう。

歴史的な観点からいえば、一九五三年体制がこれまで維持してきた微妙なバランスを、トランプが無意識のうちに破壊してしまった。すると当然、次の均衡点に向かって世界は動きはじめる。繰り返すように、北朝鮮とは米中の戦略的なせめぎ合いのエピソードの一つにすぎません。

中国ファクターをどう考えるべきか

佐藤　先ほど宮家さんが指摘された、アメリカが軍事オプションを行使できなくなったという論点は、非常に重要ですね。これについて、日本の多くの有識者の認識は非常に甘い。トランプがカッとなって軍事行動を起こすのではと考えている人がまだ多いようですが、逆です。事態は不可逆的に変わってしまったので、手出しできない。

短期的には、朝鮮半島の戦争が回避されたということでもあります。日本は朝鮮国連軍（主に米軍）と地位協定を結んでいて、いざ戦争が再開した場合には国連軍による在日米軍基地の使用を認めるほか、後方支援も行なうことになっています。当然、標的にされやすいわけですが、戦争がなければミサイルが飛んでくる可能性もないでしょう。

宮家　そのとおり。そして、いずれは朝鮮国連軍もいなくなる。めでたいはずですが、そう短絡的に考えてはいけない問題を孕《はら》んでいます。

佐藤　聖書のなかに、悪魔を一匹退治したら、住みやすくなって悪魔が七匹になって戻ってきたという話があります。現実でも、そういうことが起きかねない。

その主要なプレーヤーが、中国です。たとえば国連に対するスタンスでも、中国は存在感を増しています。本来ならアメリカが最大の分担金を拠出しているはずですが、現在は不払いを続けています。一方、いまや中国は日本に次いで二番目に多い分担金を出している。

宮家　ＧＤＰ（国内総生産）が大きくなったからね。以前は日本のほうが大きかったのですが。経済規模が拡大すれば、発言力も増大します。その意味では、日本は国連の場でもっと自己主張をすべきだったのかもしれません。もう手遅れですが。

佐藤　だから今後、中国は国連も主戦場にしていくかもしれない。あるいは宇宙空間をめぐる争いにしても、中国は国際宇宙ステーションの計画のなかに入っていません。だから、独自の宇宙開発を進めていく可能性がある。

宮家　そうしたことを意識して、トランプも米軍に宇宙軍を創設するといっているわけです。これからサイバー空間の争いは、ますます熾烈《しれつ》になるでしょう。

　つまり中国には、中長期的にはともかく、短期的にさまざまなオプションがある。ですから北朝鮮の問題だけにフォーカスするのではなく、米中という枠組みで東アジアの動きを見ていかないと、いろいろ判断を間違えると思います。

佐藤　おっしゃるとおり、やはり主たる問題は中国です。これだけ急速に成長している中国ファクターを抜きにして、国際政治を考えることはできません。中国が大きくなったぶん、力の均衡点も変わってくるわけで、いまはその歪《ゆが》みが溜まっている状態でしょう。いつかその歪みが地震のように弾けるはずですが、トランプによってそれが加速されていると見るべきです。

しかも繰り返しますが、トランプは戦略的にそう仕向けているわけではない。この大きな地殻変動を、無意識のうちに演出してしまっている。そうすると困るのは、我が国の対応ですね。

必要なのは拉致問題を含めた包括的アプローチ

佐藤　日本にとって対北朝鮮といえば、一種の〝恒真命題〟になっているのが拉致問題です。どんな値を入れても、最終的な答えは必ず「完全解決」に行き着きます。

とくに米朝首脳会談によって、問題はさらに面倒になりました。過去に何度か、北朝鮮は答えらしきものを出そうとした。しかしそれは、日本にとってとても受け入れられないものでした。日本としては、そういう答えはほしくない。ところがもし、トランプ経由で答えが来るようなことがあれば、それはもう最悪でしょう。

だから今後、日本が北朝鮮と直接交渉する際のポイントは、答えを求めないことです。日本として納得できない回答は受け取れない、もっときちんと調べろと言い続けるしかなくなってきたわけです。

宮家　そうすると、永遠に解決しませんね。

佐藤　そうなります。しかし、いまのところはそういう道筋しかない。要するに、北朝鮮は情報を小出しにしているんです。たとえば直近では、二〇一四年になって、神戸市出身の男性二人が入国していたと日本側に伝えてきたという報道がありました。どうも日本に身よりはなく、帰国したがっていないという話を私は政府高官から聞きました。こういう回答では、日本としては受け入れられない。何ら解決にはつながっていません。

だから日本としては、北朝鮮に対して「誠実な答えをよこしなさい」と言い続けるしかない。しかし拉致問題があるからといって、他の問題をいっさい進めないというわけにもいきません。核の脅威はもちろん、ここで議論しているように、一九五三年体制という与件が変わりつつあるのですから。

宮家　そのとおりですね。問題の解決はパッケージにするしかない。一つひとつ解決しようとしてもダメです。次の米朝首脳会談が成功すれば当然その一環として、失敗すれば、その後、進むであろう日朝関係の改善のための話し合い全体の一環として、つまりパッケージの一部として、拉致問題の解決を考えていく必要があるでしょう。

佐藤　包括的なアプローチになってきますね。さらに率直にいえば、現在の政権も外務省も、なかなか世論を読み切れないと思います。拉致問題に関して北朝鮮側から何らかの回答があったとき、それを公表してよいのか。もし日本人の望まない回答だった場合、世論は爆発するのか、それとも「やむをえない」と受け止めるのか。

宮家　それは説明の仕方でも変わりますね。

佐藤　また、その判断を迫られる政権が安倍政権なのか、それ以外の政権なのかによっても、かなり状況は異なるでしょう。

これは北方領土問題にしても同じです。二〇一八年十一月十四日のシンガポール日ロ首脳会談において、一九五六年の日ソ共同宣言を基礎にして平和条約を締結することを安倍首相とロシアのプーチン大統領が合意して発表しましたが、そこで四島すべてではなく、歯舞群《はぼまい》島、色丹《しこたん》島の二島の引き渡しで手を打つと決めた場合、日本の世論がどう反応するかは、誰にもわからない。

宮家　ただ、希望的観測を込めていうならば、日本国民はそれほどヤワではないでしょう。むしろきわめて賢い人たちだと思うから、パニックが起きる可能性は低いのではないか。

佐藤　しかし、小泉純一郎政権で田中眞紀子氏が外相に就任し、国民的人気を博したのは、わずか十八年前の話です。あのような現象が、ある種の与件によって再来しかねない保証はない。あるいは内政面で見ても、東京都知事選挙を契機とする小池百合子フィーバーは、わずか二年前の話ですから。

宮家　日本も民主主義ですから、ポピュリズムは怖いですね。

佐藤　そう。とくに外交で何か問題が起きて、ポピュリズムが燃え上がるときというのは、非常に怖い。だから拉致問題も、北方領土の問題も、そういうリスクがきわめて高いといわざるをえません。統制不能になった世論がどれほど恐ろしいか、とくにいまの政治家は、その怖さを十分に知っていると思います。小泉政権以降、彼らはそれまでにはなかった、さまざまな経験をしていますから。

統一朝鮮の誕生後、地政学的状況は激変する

佐藤　今後の朝鮮半島情勢については、どのような読み筋ですか？

宮家　ざっくり整理すると、北朝鮮は核を維持しますが、韓国はとにかく戦争をしたくない。そうすると、日本に対する脅威が増えることになる。

そして中国は、何とかして北朝鮮を呑み込みたい。アメリカと仲良くなって政治が民主化

したりすれば、北朝鮮国内にミハイル・ゴルバチョフのような人物が登場し、国家自体が消滅しかねない。そうではなくて、おそらく中国が一九七八年末から取り組んできた「改革開放」と同じ路線を歩ませたいはずです。つまり、政治的自由ではなく、経済的自由だけを与える。それなら中国は利益を維持できる。これが、中国の考える「エピソード1」のシナリオでしょう。

佐藤　ただし、中国型の改革開放が北朝鮮に当てはまるかどうか。少なくとも中国の場合、エリートは世襲体制ではなかったですからね。そこに大きな違いがあります。

宮家　そうですね。だから中国のシナリオのなかには、北朝鮮は維持するが、〝金王朝〟は維持しないというオプションもあるはずです。

佐藤　でも、逆に、〝金王朝〟がなくなってしまった場合、核の維持もきわめて難しくなりませんか?

宮家　そうかもしれない。しかしそれに取って代わるとすれば、軍ですよね。彼らが中国と対抗するために、核を維持しようと判断するかもしれません。あんな小さな国で、いくらカジノをつくっても収益は知れているでしょうから。

佐藤　二五〇〇万人もの人間がいるわけですからね。国家の規模としては中程度で、全員を食べさせていくのはたいへんです。

宮家　そこでもし南北が統一したら、人口は合計で七〇〇〇万〜八〇〇〇万人くらいになる。これだけの規模になれば、国家としてはかなり大きい。人口減少が著しい日本とさして変わらなくなります。

佐藤　じつは二〇一八年五月から、北朝鮮は標準時間を三十分早めて韓国との時差を解消しました。これも南北首脳会談の成果の一つで、同じネーション（国民）であるという認識を強めよう、というわけです。

そうなると、共通の記憶として「日本による植民地支配」があらためてクローズアップされる恐れがある。ナショナリズムは「敵のイメージ」を必要としますが、その対象として日本が用いられる可能性は十分あるはずです。つまり今後の日本外交は、「韓国ナショナリズムの高揚」という厄介な問題と向き合わなくてはならなくなる。

あるいはほんとうに統一が行なわれた場合、地政学的な状況が大きく変わります。というのは、韓国はいまのところ、半島国家ではなく島国です。軍事境界線の北へは行けないわけですから。これが半島国家になると、そうとうの影響力をもつようになります。パイプラインを釜山《プサン》からシベリアまで、さらにはイランまでつなげることも可能になる。あるいはシベリア鉄道経由でロンドンまで行くこともできる。

宮家　おっしゃるとおり、韓国は地理的には島国ではなく半島の半分なので、海洋国家ではありません。しかし、いまのところは北へ行けないので、海洋国家的な動きをしています。ところが統一して大陸と陸続きになれば、おそらく大陸国家性が強まるでしょう。

佐藤　そうなると、中国はますます朝鮮半島に対する覇権を確保しようとするし、アメリカも関心を示すし、ロシアも無関心ではいられなくなる。つまり朝鮮半島の統一、もしくは統一しないまでも軍事境界線が取り払われ、韓国が地政学的に半島国家になって大陸国家性を強めていくことは、非常に大きな不安定要因になりかねないわけです。

この点について、日本で関心をもっている人は少ないですが、「いまの韓国が島である」という認識はきわめて重要です。だから海洋国家的であり、日本とも価値観をある程度は共有できている。それが半島国家的になれば、日本との関係も大きく変わってくるはずです。

そしてもう一つ、南北が統一して各国がせめぎ合う状態になるとすれば、まさにそれは李氏朝鮮の繰り返しです。つまり、国内に諸外国と結びつく勢力が台頭して混乱を招く可能性がある。ただし歴史的な文脈から見て、日本と結びつく勢力は、たぶんそれだけでアウトでしょう。

宮家　そうですね。その代わりにアメリカと結びつく勢力があり、中国やロシアと結びつく勢力も生まれる。日清戦争の前の状況に近いですね。

佐藤　その三つくらいの勢力が、戦略的に提携関係を築きながら、国内政治を形成する。これは緊張のもとになります。つまり短期的な朝鮮半島情勢の安定とは別の次元で、長期的には日本にとっても大きな地政学的リスクになりますね。

宮家　統一国家が自由で民主主義の独立国家になればよいのですが。それなら日本にとって、大陸のなかに話の通じる国家が生まれることになる。イギリスになぞらえるなら、オランダくらいの存在になるかもしれません。

しかし問題は、そういう国家を維持できるかどうか。オランダがドイツやフランスに呑み込まれたとしたら、イギリスにとってきわめて不利益です。統一国家も、もし中国やロシアの影響下に置かれたとしたら、日本にとっては脅威でしょう。

そういう発想で考えると、朝鮮半島の戦略的な意味が高まるか、下がるかは、米中のバランスにかかわってきます。中ロ側に傾いた場合には、日本は防衛線を対馬に引かなければならなくなる。そうなったとき、日本の安全保障政策は根本的に変わってくるはずです。沖縄の価値も、高まることはあっても、低くなることはないでしょう。

第2章　国際情勢は「感情」で動く

なぜトランプ政権は支持されるのか

トランプ大統領誕生の〝戦犯〟は誰だ

佐藤　トランプ大統領が誕生してから「ポピュリズム」という言葉をよく聞くようになりました。それを、あたかも民主主義の危機であるかのように捉える議論もありますが、根本的に間違えている。ポピュリズムも民主主義の一つです。

宮家　そのとおり。ポイントは、間接民主主義か、直接民主主義かということでしょう。直接民主主義を重視すれば、必然的にポピュリズムになります。

佐藤　そもそも間接民主主義が本格化したのは、フランス革命からです。選挙で代表を選んだあと、市民はどうなるかといえば、政治に直接は関与しない。選んだ専門家に任せて、自分は欲望を追求する。つまり、主として経済活動に勤しむわけです。だからヘーゲルもマルクスも、市民社会を「欲望の王国」と呼びました。

逆説的にいえば、経済さえうまくいっていれば、市民社会は誰も文句をいいません。ところが経済がおかしくなると、政治の力によって立て直してくれ、と政治活動を始める。そのぶん経済活動をしなくなるので、これは機会費用の喪失です。すると、ますます経済は悪くなる。

たとえば「反原発」で国会の周囲を数十万人が囲むとしましょう。つまりそれは、その時間にそれだけの人が労働していないということを意味します。その機会費用の喪失があるわけです。

宮家　とくにそうした集会に高齢者だけではなく、若者がたくさん集まるとすれば、機会費用の喪失は顕著になりますね。

佐藤　だから代議制民主主義にとっては、市民が政治に参加しないのがいちばんよい姿です。政治は専門家がやる。政策運営は資格試験で合格した官僚たちがやる。

宮家　それが形骸化して信頼を失うと、トランプのような政治リーダーが担ぎ上げられる。彼の登場は、これまでワシントンD.C.とまったく縁のなかった人たちの、既存政治エリートに対する反感の結晶ですから。

IT化が進むなかで、カリフォルニアやボストンやワシントンD.C.の若い連中だけがおいしい思いをしている。その一方、グローバリゼーションのもとで、アメリカは製造業の国であることをやめた。

メーカーの多くはイノベーションに失敗し、マーケットからの撤退を余儀なくされました。五大湖周辺の額に汗して働いていた人たちは、働き口を失ったわけです。では、彼らの面倒を誰が見るのか？

結局、トランプ政権を誕生させた最大の〝戦犯〟は、こうした白人の「忘れ去られた人々」よりも、非白人の「マイノリティ（少数派）」を重視してきた白人のリベラルだったと思います。

佐藤　おっしゃるとおり。まったく同感です。

宮家　白人リベラルは有色人種のマイノリティ、つまりヒスパニック系やアフリカ系の弱者にはとても親切です。しかし、同じ白人の労働者層には冷たい。彼らは心の底でこう思っているはずです。「あいつらは勉強しないからダメだ、自業自得だ」と。

とくに民主党の一部がマイノリティに焦点を当てすぎたために、白人労働者層は忘れ去られてしまった。そうした彼らの不満が、トランプ政権誕生を後押ししたわけですね。

プレスビテリアンとしてのトランプ

佐藤　そしてもう一つ、トランプの思考を探るうえで欠かせないのは、彼がプレスビテリアン（長老派）であり、信仰熱心であるということです。世俗化された信仰ですが、プロテスタントの最上流階級であり、生まれる前から神によって選ばれた特別な存在であるという自負心がある。

ちなみに二十世紀以降のアメリカの大統領のなかでプレスビテリアンは、第二十八代のウッドロウ・ウィルソンと第三十四代のドワイト・アイゼンハワー、それにトランプです。その信仰の強さは、軽視しないほうがよい。

たとえば二〇一八年七月にトランプがイギリスを訪問した際、わずかな時間ですが、母親の故郷であるスコットランドのルイス島を訪れています。そこはもともとプレスビテリアンが非常に強い地域です。

あるいは昨今のアメリカでは、多様な宗教に配慮して「メリークリスマス」とはいわず、「ハッピーホリデーズ」という言い方が広がっています。ところがトランプは、大統領選のころから「大統領になったらメリークリスマスという」と公言し、実際に二〇一七年末にはツイッターに「ベリー・ベリー・メリークリスマス」と書き込んだりしています。

つまりトランプは、キリスト教的表象になると、クリスチャン・シオニズムと「選ばれた自分」という特殊な刷り込みを結びつけて、ちょっと極端な行動に走りやすくなる。それがまた、選挙対策にも役に立っているわけですが。

宮家 そうです。プレスビテリアンは彼の生きざまでもある。やはりトランプの根底にあるのは白人クリスチャンの世界、すなわち一九五〇年代までの古きよき白人中心のキリスト教の国ですね。そこでは白人のユダヤ教徒までは受け入れられるが、非白人のキリスト教徒やイスラム教徒には入り込む余地がありません。

佐藤 それで宗教の観点で興味深いのは、トランプが登場するまでのかなり長いあいだ、アメリカ大統領の口から「クライスト（キリスト）」という言葉が使われていなかった、ということです。使った瞬間、ユダヤ人を排除することになりますから。その代わり、つねに使われたのが「ゴッド」。

ところがトランプは、「クライスト」を平気で使う。キリスト教にかかわるところにおいて、彼はいささか常軌を逸している感じが見受けられます。

暴露本『炎と怒り』から浮かび上がるもの

佐藤　トランプといえば、アメリカ人ジャーナリストのマイケル・フォルフが書いた〝暴露本〟である『炎と怒り　トランプ政権の内幕』（早川書房）が話題になりました。あれを読んで思ったのは、とにかくトランプ政権は「わけがわからない」ということです。

宮家　そうですね。政権としての中身のなさには驚きました。しかし当初、トランプの周辺には首席戦略官兼上級顧問のスティーブン・バノン、娘婿夫婦の〝ジャヴァンカ〟、つまりジャレッド・クシュナーとイヴァンカ、さらには共和党の主流という三つのグループがいた。トランプは実務に関心がなく中身がないから、これらのグループが互いに主導権争いをして、傷つけ合っていました。しかし当の本人は、それでよいと思っていたのでしょう。

ところがその後、バノンが解任された。ということは、国際的な軍事介入に強硬に反対する人がいなくなったわけです。シリアへのミサイル攻撃の際の裏話が興味深い。シリアが国内の反政府勢力に向けて化学兵器を使用したとき、同国を攻撃すべきと最も強く主張したのは、じつはイヴァンカです。当時、バノンは攻撃に反対しましたが、彼女はＮＳＣ（国家安全保障会議）の女性幹部とともに、化学兵器の犠牲になって口から泡を吹いている子供のスライドをトランプに見せて説得した。情念に訴えて攻撃を決定させたわけです。

佐藤　かわいそうじゃないか、これを放置してよいのか、というわけですね。

宮家　それがトランプを説得する最も効果的な方法だった。じつのところはトランプもやりたくなかったと思う。だからバノンのいうことを聞いて、手出しをしなかった。それをイヴァンカがひっくり返したことに、まず驚きました。

最近の状況をいえば、おそらく政権内のどこかにトランプに軍事オプションを吹き込んでいる一群がいるはずです。誰かはわからないし、どの程度成功するかもわかりませんが。おかげでトランプはいまや、政権内で最も軍事オプションを検討したい人物になってしまった。

その一方、政権内で最も軍事オプションを選択したくないのがジェームズ・マティス国防長官だったのでしょう。自分の部下が最初に死ぬのですから、軍人は簡単にはやりたがらない。だいたい最近のアメリカで戦争を始めるのは、みんな文人です。民主主義の軍隊とはそういうものだと思います。

ついでにいうと、『炎と怒り』で面白かったのは、なぜトランプの長男が大統領選挙期間中にロシアの弁護士に会ったのか、というところです。要するに、どうせ「勝ち目はない」

のだから、せめて一矢報《いっし》いるためにクリントンにとって不利な情報を得ようとした、と。

佐藤　そうそう。彼らが大統領選に出たのは、たんに売名が目的だった。それからメラニア夫人の話も面白かったですね。当選したら昔のモデル時代に撮ったヌード写真が表に出ると不安がっていたら、トランプが「絶対に当選することはないから安心しろ」。ところが当選して、その瞬間に奥さんは〝悲しみ〟の涙を流した、というわけです。

しかし、夫人の不安は杞憂《きゆう》で済みましたね。ヌードモデル時代を暴くよりも、はるかに大きなスキャンダルを、トランプ自身が次々と引き起こしたわけですから。

宮家　そう。だからやはり何も考えずに行動している、と見たほうがよいでしょう。そのツケも小さくはありませんが、だからいろいろ報道されても、「フェイクニュースだ」と突っぱねるしかない。

トランプをバカにしていた側近たち

佐藤　しかしなぜ、バノンは『炎と怒り』のインタビューで、これほどまでに赤裸々に話してしまったのでしょうか。

宮家　〝ジャヴァンカ〟との戦いで負けたからでしょう。トランプも最後はバノンを守らなかった。

選挙戦の終盤にバノンがトランプ陣営に加わったからか否かは別として、とにかくトランプは予想外の勝利を手にしてしまった。おかげでバノンの力が過大評価されたわけですが、その時点で彼は、トランプ政権を徹底的に利用しようとした。自分はそれだけの信任を得ているので、それができると思っていたはずです。

ところが蓋を開けてみたら、〝ジャヴァンカ〟が予想以上に口出しをしてきた。それで大喧嘩になって、最終的にはトランプに切られるわけです。

それでも、トランプとの関係を完全に断ったわけではなかった。それにもかかわらずバノンがインタビューでいろいろ暴露してしまったのは、おそらくトランプをバカにしていたからだと思います。「あんな下品なヤツは大嫌いだ」と。

もしくは最初からトランプを信用していなかったのかもしれませんが、トランプが怒ったのは当たり前ですよね。

佐藤　バカにするという意味では、他の側近たちも同じです。同書によれば、スティーブン・ムニューシン財務長官も、国務長官だったレックス・ティラーソンも、大統領首席補佐官だったラインス・プリーバスも、国家安全保障問題担当の大統領補佐官だったハーバート・マクマスターも罵《ののし》っていたらしい。ムニューシンを除き、そのいずれもが解任されていますが。

　さらに面白いのは、バノンを含めた彼らが、トランプを軽蔑して信用していないことに加えて、まったく恐れていなかったこと。大統領が権力のメカニズムを使って自分をつぶしにくる怖さを微塵《みじん》も感じていない。

宮家　おっしゃるとおり、トランプなんか怖くなかったんですよ。なぜならバノンはもともと右派メディアのブライトバート・ニュース・ネットワークの会長であり、自分の周辺には支持者がいるはずだと思っていたから。

　ところが実際には、トランプは腐っても大統領なので、彼に切られたバノンはブライトバートからも切られるんですよね。ここはバノンが読み間違えた部分かもしれません。

佐藤　自分の頭脳は余人をもって替え難いから、みなが頼ってくるだろうと過信していた。往々にして学者や経営者などは、そういう考えをもちやすい。しかし、少なくとも政治は生き物なので、代替不能な人などいないわけです。

宮家　一時的にあれだけの権力を得て、舞い上がったんでしょうね。いまではヨーロッパを中心に活動しているようですが。

佐藤　バノンの経緯を見ていて、ロシアのある出来事を思い出しました。かつてエリツィンがモスクワ市の共産党トップで政治局員候補だった時代、ＫＧＢ（国家保安委員会）の警護官のなかにアレクサンドル・コルジャコフという人物がいたんです。その後、エリツィンが一時的に失脚すると、彼もＫＧＢを辞めてエリツィン専属のボディガードになった。それだけ個人的な関係を築いていた、ということです。

それからエリツィンが大統領に就任すると、彼は大統領警護局長としてＫＧＢとも対峙《たいじ》しながら、苦しい時期のエリツィンを守った。それによって絶大な信頼を得て、彼はエリツィンの側近中の側近として、政権内で重用されました。

ところがある時期から、エリツィンの次女タチアナと激しく対立するようになります。彼女はモスクワ大学の応用数学サイバネティクス学科の出身で、エリツィン家唯一のインテリです。そして対立がいよいよ極限まで来ると、エリツィンは次女の側についてコルジャコフを切った。するとコルジャコフは一年後、エリツィン政権の暴露本を書いたんです。

宮家　バノンのケースと似ていますね。違いがあるとすれば、バノンは命を懸けてトランプを守るような人物ではなかった。悪い言い方をすれば一種の〝寄生虫〟で、トランプの傾向をよく理解して、利用しようとしただけです。

トランプ政権は選挙で選ばれた「王族」？

宮家　トランプの理想が一九五五年から六五年までの「古きよきアメリカ」の回復であるという部分も、『炎と怒り』の読みどころでしたね。そこには圧倒的に強い白人がいて、清く、正しく、美しいアメリカ社会があった。またクリスチャンの思惑で物事がスムーズに動く時代でもあった。

ところが公民権運動が始まって以降、アメリカは変貌しながら今日に至っている。つまり「古きよきアメリカ」の時代と「新しき悪しきアメリカ」があるということです。そして後者を否定するのがトランプの発想であり、「アメリカ・ファースト」というわけです。

だとすれば、トランプが見ているのは少なくともポストモダンではない。もしかしたらモダンでもなく、その前のプレモダンに戻ろうという動きなのかもしれません。そもそもいまの時代は、プレモダン、モダン、ポストモダンの三つが混在している状態で、この先どうなるかはまだ、流動的でしょう。

ならば、次の歴史的な均衡点はどこに行き着くのか。トランプがめざすようにプレモダンに戻っていくのか、それともいまのような混在が「新常態（ニューノーマル）」であり、このなかから、新しい均衡点を見つけていかざるをえないのか。

佐藤　宮家さんのいわれるモダンの定義は、いわゆるフランクフルト学派の言葉でいうならば、後期資本主義あたりだと思います。そうすると、ナショナリズムはモダンの現象ですね。要するに、ネーションとステートが結合しはじめて国際社会が動き出すのがモダンであると考えるなら、プレモダンはそれ以外の原理で動いていることになります。たとえば宗教とか、血脈とか。

宮家　やはりトランプの源流は、プレモダンなのかもしれません。彼らのいう「ナショナリズム」は、いまいわれた意味でのネーションステートのナショナリズムとは、やや違う気がしますから。

佐藤　たしかに、選挙によって選ばれた王族という感じがします。だから血縁関係を非常に重視して、一種のファミリーをつくっている。もう王朝に近いかもしれません。スタッフも、その王朝に忠誠を誓うかどうかという基準で選んでいる。

だから、フラットな「国民」という考え方はもっていないでしょう。自分を支持する国民はよい国民であり、我が臣民であるという感じですね。もうトランプ独自の「トランピズム」のような感じです。

宮家　それはバノンの考え方とは違いますね。

大統領選挙前、トランプのことを「自己愛性人格障害（NPD/Narcissistic personality disorder）」と称した民主党員がいましたが、いま振り返ってみるとそのとおり。つまり自分が愛されなければいけない、自分がいちばんでなければいけないという自己愛性に満ちている。そういう人が大統領になっているわけです。

佐藤　しかも〝下品力〟がある。

宮家　そう。移民の出身国を形容して「シットホール（便所の穴）」ですから。

佐藤　これはホワイトハウスの公式の場での発言ですよね。そこでそういう発言をするというのは、普通ならもう三枚くらいレッドカードです。しかし、そうならないのがトランプの強さでもある。

宮家　言い換えるなら、そういう人物を選ぶ土壌ができていたということでしょう。ポストモダンの行きすぎで取り残された人たちの存在を、リーダーたちは過小評価していた。そのバックラッシュ、つまり反動がトランプ政権を生んだ。トランプに何か価値があったのではなく、トランプは「結果」だった。

佐藤 その見方には全面的に賛成です。ユダヤ教に、カバラ思想という考え方があります。歴史の流れのなかで光の部分が蓄積されていくと、同量の闇の部分が蓄積され、ある乖離《かいり》が起きるとクラッシュするというものです。

いまのアメリカはまさにこれでしょう。ポストモダン後、アメリカには「よい子」の部分が蓄積されてきました。アファーマティブ・アクション（黒人、ヒスパニック、女性などに就学・雇用の機会を保証する政策）をきちんとやり、ＬＧＢＴの権利を認め、ましてや人種差別などは完全に克服された。

しかしそれは一面であり、背後においては「悪い子」のアメリカも蓄積されてきた。そのクラッシュがいま、起きているのではないか。そのきっかけとなったのがバラク・オバマ大統領の誕生です。移民の系統とはいえ、黒人の血が入っている大統領が生まれるのは早すぎた気がします。あるいは、女性大統領候補が出てくるのも早すぎた。

それで「悪い子」の部分が帳尻を合わせようと焦り出し、トランプを支持したわけです。とはいえ、トランプによってその帳尻が合っているかどうかは、よくわからないところですが。

米中対立の真因を読み解く

劇的に変化したアメリカの対中政策

宮家　「自国第一主義」を掲げるトランプ政権は、各国と対立や軋轢《あつれき》を深めていますが、とりわけ日本にとって無関心ではいられないのが、米中貿易戦争の泥沼化でしょう。

私は中国人とも、アメリカ人とも話す機会がありますが、あらためて思うのは、これはたんなる貿易戦争ではないということです。なぜなら、アメリカの対中政策が劇的に変わりつつあるからです。

振り返ってみると、一九五〇〜六〇年代、朝鮮戦争後の東アジアは冷戦の時代でした。しかしソ連が強大化したため、一九七二年に米中は国交を正常化します。その後、世界は中国の改革開放政策による資本主義化を支持しました。国内経済の資本主義化により、いずれ中国にも市民社会が生まれ、中国共産党が徐々に変貌していくと期待されたわけです。

事実、同じ共産圏のソ連では、そうした変化が一足先に起こりました。ゴルバチョフ大統領が登場し、ペレストロイカ（改革）を主導した結果、クーデターが起きてロシアに生まれ変わった。

それを見ていた中国共産党は、むしろゴルバチョフを嫌悪した。だから一九八九年六月の天安門事件で市民・学生を弾圧することで、共産党のレジームは生き残ったのです。その結果、豊かにはなりましたが、残念ながら市民社会は生まれなかった。その状態が今日まで続いているわけですね。

一連の経緯を見ていたアメリカもそれに気づき、中国を戦略的な競争相手と見なすようになった。要するに「敵」ということです。しかも、危険度はロシアよりも上。武器はロシアに劣るかもしれませんが、ハイテクの技術もあるし、何より強力な経済力がある。その経済力を武器にして、経済成長著しいアジア地域で政治的な影響力を伸ばせば、いずれアメリカに代わって国際的なリーダーシップを発揮しかねません。

佐藤　中国はそもそもベクトルが他国とは違います。ロシアのベクトルはヨーロッパに近い。付き合いも古いし、同じ白人でもあるので、いろいろあっても仲良くやっていきましょう、というところがある。

一方で中国のベクトルは現在、太平洋に向いている。しかし旧来の地政学の知見ですが、アメリカが海洋国家だということを忘れてはいけない。これがアメリカと上手に付き合うコツで、海洋国家化を志向するなら、アメリカに対して細心の注意を払う必要があるわけです。つまり米中は、このままでは太平洋上で本格的に激突することになるでしょう。

かつて米ソの対立が非常に激しくなったのも、ソ連がペトロパブロフスク・カムチャツキーとウラジオストクに本格的な軍港を建設したからです。つまりソ連が太平洋国家になろうとしたので、アメリカが激しく反発した。

あるいは太平洋戦争時の日本もそうですよね。アメリカのような海洋国家と上手に付き合うのは、非常に難しい。

宮家　そのとおりです。アメリカはハワイをとり、フィリピンをとり、さらに先の太平洋戦争では沖縄をとり、まさに西太平洋に海洋覇権をつくり上げた。その覇権に、いま中国が挑戦しようとしている。アメリカ軍のなかで中国に最も危機感をもっているのは、いまやインド太平洋軍です。

ロシアも怖いことは怖いですが、おおよそ能力はわかっている。プーチンも悪ですが、渡り合えないことはない。ところが中国の場合は、ほんとうにアメリカを代替するかもしれないという恐怖がある。ただし、ここには偏見もあると思います。なければこんな反応にはならない。

佐藤 だから十九世紀末から「黄禍論《こうか》」が出てきたわけですよね。黄色人種は白人にとって危険な存在である。当時は中国人排斥に続いて日本人排斥も起きました。その黄禍論が、アメリカで再び台頭しそうな気がします。

イデオロギーの時代が終わると、人種偏見のようなものが頭をもたげてくる。表向きは存在しないことになっているから、誰も口にはしませんが、いまのトランプ政権にも人種的偏見があります。

トランプがロシアとの関係改善に意欲的なのは、ロシアを「白人国家」と見なしているからです。その裏返しとして、中国やアラブ諸国に対して強硬姿勢をとるのは、これらが「非白人国家」だからではないか。

宮家 アメリカ国内でも、人種偏見はしばしば問題になりますからね。トランプの側近スタッフだったアフリカ系の女性が暴露本を書いて、トランプを人種差別主義者だと告発し、話題になったこともありました。ただ、その程度でめげるようなトランプではありませんが。

いずれにせよ、差別意識があることは間違いない。おそらく中国もそれをわかったうえで、チャレンジしているんです。彼らは一八四〇年のアヘン戦争以来、まさに白人によって蹂躙《じゅうりん》されてきました。その末裔《まつえい》であり、いまでも唯一中国の影響圏のなかにいるのが米軍なのです。それを排除したいと考えるのは当然でしょう。その意味では、いずれもレイシスト的だといえる。

ただし、アメリカは西太平洋を支配しているのは自分たちだと自負しています。それに対してチャレンジするなら、よほどうまくやらないといけない。ところが中国のやり方は、およそうまいとは言い難い。もともと大陸国家、陸軍国家だから、勝手に線を引いて海域を奪う、島を奪うという発想を繰り返してきた。だから両者は太平洋上でぶつかるわけです。

佐藤　中国はかなり乱暴ですよね。大陸国家的な発想というのは、非常に重要な指摘だと思います。だから海に出てくるときも、面の発想になる。

その最たる例が、金門島への干渉でしょう。一九五〇年代末から七〇年代末まで、中国の人民解放軍は中華民国の軍事拠点だった金門島を奪おうと、砲撃を繰り返した。結局、中華民国側の抵抗が強くて奪えなかったわけですが、別にどう転んでも大勢に影響はないのですから、放っておけばよいはずです。

ところが、中国はそれを我慢できません。ネットワーク支配ではなく、面の拡張・支配が大事で、国境線もきっちり引かなければ気が済まない。

宮家 そう。だから中華民国の時代から南シナ海に「九段線」を勝手に引き、それを根拠に南沙《なんさ》諸島の環礁を埋め立て、滑走路まで建設して軍事要塞化を図っている。これも面を取りに行く行動で、海洋国家にはないメンタリティだと思います。

ただ、それはアメリカのみならず、アジアの海洋国家が決して認めない。だから「九段線」は、一見すると中国がうまくやったように思えますが、あれをすべて維持するのはたいへん。中国にとっては大きなコストになっていくでしょう。

佐藤 そういう中国のメンタリティは、ロシアとも違いますね。ロシアは境界にバッファー（緩衝）地帯があり、何となく自分たちの影響力が及べばよいという発想ですから。

かつてのソ連は、東ヨーロッパやモンゴルをソ連に加入させることもできましたが、そうしなかった。それは、体制の違う国と直接的に国境を接すると、偶発戦争が起きやすいという恐怖があったからです。それならこれらの国をあいだに置いて、バッファー地帯をつくったほうがよいと判断した。

実際、中ソ対立にしても、国境を接していたから起きたわけです。もしその中間地点に、それこそ満洲のような緩衝国家があれば防げたでしょう。

「神」がいない国の体制の強さ

宮家　だいたい中国というのは、漢字文化によって成り立った国です。漢字は表音文字ではなく表意文字なので、おそらく地方や民族によって発音はバラバラでも、見ればお互いに意思疎通できる。それで地域間、民族間の商売も成立した。そういうかたちで浸透した言語なので、ラテン語のような崇高さはありません。

しかし明の時代以降、漢族が中心となって強力な漢字文化圏を形成します。軍事的には弱かったので周辺民族から侵攻は受けますが、いつの間にか周辺民族のほうが漢字文化に同化していった。モンゴルも満洲もそうです。

佐藤　文化的に呑み込んでしまう、と。

宮家　そう。そこはある意味でアメリカと同じです。いろいろな民族がやってきて、非常に雑多な人種が入り混じっている。しかし少なくとも政治と経済と文化については、漢語を共通語にすることが暗黙の約束ごとになっている。不思議な文化です。

しかし、中国の文化には神さまがいません。たとえばキリスト教の概念なら、唯一絶対神と被造物である人間一人ひとりが契約を結ぶわけですよね。だから人間は神のもとに平等です。これがアメリカの発想の基本でしょう。

ところが中国の場合、「天」という概念はありますが、神との契約がない。したがって、基本的にすべての事象が「人間対人間」で政治的に決まる。ということは、誰でも支配者になれる。勝者と敗者が明確に分かれる世界なので、平等でもない。つまり法治がなくて人治がすべてだから、西欧型の国際法や基本的人権などの発想は、絶対にないんです。

佐藤　わかります。だから冊封《さくほう》体制的な発想になって、華夷《かい》秩序が生まれる。

宮家　中国人もそれを当たり前だと思っている。彼らは政治的自由などいらないんです。経済的自由があれば十分。つまり香港やシンガポールでよい。基本的人権のために民主革命を起こそうなどという人はいません。

その意味で、中国の体制はかなり強いと思います。体制が崩れるとすれば、天候不良で大飢饉《ききん》に見舞われ、疫病が蔓延《まんえん》し、政権内に腐敗があり、太平天国のような民間宗教が勃興する、というのがパターンです。逆にいえば、このパターンにさえ気をつけていれば大丈夫。だから、一九九〇年代末には法輪功《ほうりんこう》を徹底的に弾圧したわけですね。

佐藤　たしかに一九五〇年代末の大躍進政策でも、六〇年代半ばからの文化大革命でも、共産党政権は倒れなかった。一〇〇〇万人を超える人が死んでいるのに。これはそうとう強力な体制だということです。

宮家　しかも神がいない。それも社会主義的な意味でいないのではなく、中国的な意味でいない。これは恐ろしいですよ。

佐藤　昨今の中国は、国家としてのナショナリズムを醸成しようと努力しています。それがかなり成功しているから、日本との関係が悪くなるし、新疆《しんきょう》ウイグル自治区への弾圧も深刻になっている。

宮家　漢族が九五%を占めているとはいえ、五六もの民族が共存して、しかも一つの言語を話しているというのは、恐ろしいことです。これは明らかに漢民族を超えて、もともと存在していなかった「中華民族」というものをつくり出そうとしている。漢族の文化に基づいた新しいナショナリズムです。

たとえばヨーロッパには、ＥＵ（欧州連合）加盟国だけで三〇カ国近い国があって、数十カ国語もの言語に分かれています。それが自然な状態ですが、そこで新しいナショナリズムに基づいて単一の民族を生み出そうとしている中国が、いかに異常かがわかるでしょう。

なぜ習近平は憲法改正を断行したか

宮家　中国は、政治中枢の権力闘争もすさまじい。最高指導部である共産党政治局常務委員会には七人のメンバーがいますが、それぞれが利権をもっています。鄧小平の死後しばらくは集団指導制でしたが、いまは棲み分けて、そのもとに多くの国営企業がぶらさがっています。

ところがいまや、中国に右肩上がりの経済はありません。かつてのような一〇％成長は不可能で、せいぜい六～七％でしょう。今後は三～四％まで落ちていく恐れもあります。そうすると、これまで急速に伸びてきた一人当たりＧＤＰも、一万ドルあたりで頭打ちになる。つまり、中国もいわゆる「中所得国の罠《わな》（ミドルインカムトラップ）」に陥るわけです。

かつて、日本も同じ状況に陥りました。しかし輸出依存をやめて内需拡大のための構造改革や規制緩和を行ない、さらに国有企業の民営化によってそれを克服した。これでＮＴＴやＪＲが誕生したわけです。

いまの中国に求められているのも、まさに同じような構造改革です。それができなければ経済がジリ貧になり、それによって政治的なリスクが拡大することになる。習近平はそれを避けるために、何としても改革を断行したいはずです。

ただし、自分の利権も維持したい。それは他の六人の常務委員も同じでしょう。それぞれ自分の息のかかった国営企業には、絶対に改革の矛先を向けさせません。だとすれば、改革などできるはずがないですね。

そこで習近平としては、もっと彼個人に権力を集中させなければいけない。強権で他の六人を抑え込む必要があるわけです。だから憲法を改正し、国家主席の三選も可能にした。二期目が終わる二〇二三年以降も、続投を狙っていることは確実です。

ただし、あまり改革を進めると共産党を窮地に追いやることになる。というのも、彼らが得ている利権の多くは、自由主義経済ではなく共産党の力をベースにしているから。つまり、権力を現金化しているわけです。これが彼らの得意技で、中国人はどこにでも「利権」を見つけることができるのです。

たとえば、日本でもタレントになりたいという若い女の子に対し、テレビ局ではなく悪徳プロダクションが「テレビ番組に出してあげるよ」と近づいて、条件としてその子の親にとてつもない金額を請求することが問題になったりします。これはテレビ局という権力に近い立場を利用して、利益を得ているわけです。こういうことを、国中でやっているのが中国だと考えればよい。

つまり共産党そのものではなくても、共産党に近づくことで権力を行使できる。逆にいえば、共産党は権力をもっていない人に権力を与えることが可能で、その対価として共産党は利益を得ているわけです。

佐藤 それは権力にとって、都合のよい構図ですね。全員が違法行為をやっているわけですから、捕まえようと思えば誰でも恣意《しい》的に捕まえられます。それで捕まった側がどれほど文句をいっても、理由にはならない。

宮家 そう、捕まるほうが悪い。じつはこの中国と、とても状況の似ている国がある。それがサウジアラビアです。あとでも触れますが、彼《か》の国でも、若きムハンマド・ビン・サルマン皇太子が並み居る王族と戦いながら権力を集中させようとしている。お互いに利権の塊ですからね。しかしその目的はやはり、国家として生き残ることなんです。いざとなったら誰でも捕まえられることも、中国と同じです。

もっとも、中国はまだ見込みがありますが、サウジアラビアは難しいかもしれません。中国人はよく働きますから。

中国が合理的な判断のできない理由

宮家　昨今、北京からいろいろな噂が流れてきますね。習近平のポスターに墨汁をかける運動が起きているとか、共産党の長老が集まる北戴河《ほくたいが》会議で、習近平が吊るし上げにあったとか。真偽のほどはわかりませんが、仮に真実だとしても、それですぐに習近平体制が揺らぐとは思えません。しかし、ボディブローのように効いてくる可能性はありますね。

中国にとって最も経済的利益が大きいのは、アメリカにある程度、譲歩するとともに、国内的な経済システムを変えて自由化を図り、国有企業を改革していくことでしょう。しかし、そこまでは政治的に踏み込めない。

佐藤　いまの中国の政治は、アメリカに譲歩できないほど弱い状況ではないはずですよね。

宮家　ところが譲歩できないのは、習近平が権力集中を続けすぎたからだと思います。彼がすべての事象に関与し、権力を握っているということは、逆にいえば、すべてが彼の責任になるということです。

ご指摘のとおり、力が強いから譲歩できると考える人もいます。常識的に考えれば、ここは中国らしく、名を捨てても実をとるのがいちばんでしょう。しかしそうすると、「力が強いはずなのにアメリカには弱いのか」という批判が予想される。国内には強気な人が多いし、アヘン戦争からの怨嗟《えんさ》もありますからね。そのリーダーとして圧倒的な強さをもった以上、相手が誰でも強さを誇示しなければいけない。

だからけっこう、チキンゲームをやっています。そのあたりはトルコのレジェップ・タイイップ・エルドアン大統領と似ています。

佐藤　これだけ経済も強いんだから、「金持ち喧嘩せず」で妥協すればよいのに、ということですね。

宮家　ところが国内にナショナリズム的な勢力があって、さらにいえば個人的な性格もかなり影響して、結果として喧嘩してしまう。しかも彼らはプライドが高いので、面子をつぶされることは認められない。だから結局、権力を集中させた習近平は経済にも口を出し、政治的な判断が経済的判断に優先する。それで合理的な決断ができなくなっているわけです。

佐藤　それでも、中国をＷＴＯ（世界貿易機構）から追い出すのは難しい。そもそも、加盟させたことが時期尚早だったわけです。

宮家　そうです。いまさらいっても遅いのですが、私はずっと反対でした。なぜなら、中国が入ることでコンセンサス重視のＷＴＯが機能しなくなると考えたから。

一九九〇年代半ばに外務省経済局で、ＷＴＯサービス貿易の交渉官として中国加盟の交渉をしていたころの話です。そのときコンセンサス成立を妨げる勢力として最も警戒していたのは、当時まだ途上国だったインドやブラジルでした。逆にいえば、インドやブラジルさえ味方につければ、あとはアメリカとヨーロッパと日本とカナダの「クアッド（四者）」でうまく仕切れた。とくに日米が主導してインドを絡ませれば、コンセンサスは比較的、容易にとれたんです。

ところが、そこに中国を入れてしまった。ＷＴＯに加われば中国にも市民社会が生まれるという触れ込みでしたが、残念ながら崩壊したのはＷＴＯのほうです。中国は絶対に妥協しないので、ＷＴＯの協議でコンセンサスがとれなくなってしまった。その代替として出てきたのが、ＴＰＰ（環太平洋パートナーシップ協定）やＦＴＡ（自由貿易協定）。各国がこれらに躍起となっているのは、そういう意味です。本来なら、いまもＷＴＯの枠組みで多くの貿易問題に関する協議ができたはずです。

佐藤　逆に今後は、世界が中国化する可能性がある。

宮家　そう。その意味でも、中国が軌道修正できないとすると、ほんとうに長期の『スターウォーズ』になりかねない。それを意識しているせいか、昨今の習近平は公での発言を控えているように見えます。じっと我慢しているんでしょう。下手に強気なことをいえばトランプに言い返されて関係をこじらせるだけだし、弱気なことをいえば国内から突き上げを食らう。だから何もいえない。

佐藤　通常、こういう場合の解決法は、いろいろなところからオプションをもってきて、付け替えを繰り返しながらごまかすのですが。

宮家　中国はそれをガチンコでやっている。トルコも、イランも、ロシアも同じですけどね。だから「帝国の逆襲」なんですよ。

米中貿易戦争は対岸の火事ではない

宮家　もっとも、アメリカの大統領がトランプでなければ、こんなことは起きないでしょう。

佐藤　そうです。トランプは例外的な現象として登場しましたが、その最も重要なポイントは「理屈がないこと」または「理屈がその時々でコロコロ変わること」。しかし、それがいつの間にか新しいゲームのルールになってしまった。

宮家　ルールを不可逆的に変えてしまいましたね。だから、チキンゲームになる可能性が高まったということです。

佐藤　それに米中貿易戦争は日本にとって対岸の火事ではなく、とばっちりを受けていますね。中国と同じタイミングで、輸出する鉄鋼製品に関税がかけられるとは思ってもみなかったはずです。つまり日本はトランプを読み間違えた。

これには二つ理由があります。一つは、アメリカが軍事同盟国だから。トランプは関税をかけて国内の鉄鋼産業を保護する理由として、安全保障を挙げていました。それなら日本は大丈夫、中国とは違うと考えたわけです。

もう一つは、日本の鉄鋼産業には高い技術力があるから。アメリカの鉄鋼メーカーは薄い鉄板をつくれない。だからアメリカの自動車産業は日本製の鉄板の輸出に頼らざるをえない、と見なした。まさかそこに関税をかけて、自分で自分の首を絞めるようなことはしないはずだ、と。

宮家　しかし、トランプはそういう人間ではない。それは中国も日本も読めなかった。トランプについて読めるのは、「彼が読み切れない人物だ」ということだけです。

佐藤　そう。トランプにとって関心があったのは貿易収支だけ。対中国も対日本も、アメリカは赤字だから、これを直せ。だから関税だ。一方でニュージーランドやオーストラリアとの貿易については黒字だから、このままでよい、と。つまり、外交にしても経済にしても、難しいことは何も考えない。だから強い。

宮家　問題はマーケットがどう見るかです。景気好調のアメリカに対し、中国企業の株価は下落傾向で人民元相場も下がっている。どうも中国が劣勢になりつつあるようですね。

佐藤　たしかに両国の対立が激化するほど、それが経済・市場の攪乱要因になって、金融市場の乱高下が起きます。しかしそれは、投機筋にとってはチャンスということでもある。トランプの傍若無人な発言でマーケットが揺れることを、喜ぶ人たちもいるわけですよ。そういう意味においては〝トランプ・ビジネス〟が成り立っているわけです。この傾向は当面続くでしょう。

天才政治家プーチンが企んでいること

批判を権力に変えるプーチンの天才性

佐藤　好むと好まざるとにかかわらず、日本にとって米中とともに注視すべき大国がロシアですね。二〇一八年三月に行なわれたロシア大統領選挙では、大方の予想どおり、プーチン大統領が勝利しました。得票率は八割弱に達していたそうで、圧勝です。これで、二〇二四年までプーチンの時代が続くことになりました。

宮家　二〇〇〇年から務めているので、四年間の首相時代も含めれば都合二十四年、政治トップの座に居続けることになりますね。二〇二四年時点では七十一歳ですが、またいったん首相になって、大統領に復帰するのでは？　きっと亡くなるまでやるでしょう。対抗馬もいないし、仮に誰か登場しても、いつの間にか「消える」。独裁者のなせる業です。

佐藤　だいたいロシア人の選挙観は、欧米とはかなり違う。自らの代表を選んで国政に送り出すという発想が薄い。それより、天から「悪い候補者」「うんと悪い候補者」「とんでもない候補者」が降ってきて、そのなかから「うんと悪い候補者」と「とんでもない候補者」を排除するのが選挙です。政治は「悪い人間」によって行なわれるというのが彼らの共通認識ですから。

宮家　そのなかでは、プーチンはまだマシということですね。たしかにクリミア半島を併合して欧米から経済制裁を受けても、プーチンは怯《ひる》むことなく頑張っている。ロシア人には、「欧米に協力して一緒に共産党を倒し、冷戦を終結させたのに、ロシアは敗戦国のような扱いを受けている」という屈辱感がずっとあったので、一矢報いたいという思いがある。これがプーチンの権力の源泉でしょう。

佐藤　加えてロシアには、第二次世界大戦のトラウマがあります。独ソ不可侵条約を破ってアドルフ・ヒトラーがソ連に侵攻してきた結果、二五〇〇万〜三〇〇〇万人が犠牲になりました。その経験があるから、戦後のソ連国民はバターよりも大砲を望んだ。つまり共産党による独裁制のほうが、強い軍事力をもって平和を維持できると考えたわけです。この感覚は現在でも同じでしょう。プーチンへの高い支持は、強い指導者のほうが、平和が続くと国民が考えているからです。

ただ、そのプーチンも、最近は国民からの批判にさらされています。逆説的ですが、それはプーチンの政策が成功したから。プーチンはロシア経済を成長させて社会的安定を増やし、中産階級の層を厚くすることを政策目標に掲げてきました。実際、一九九〇年代のエリツィン政権の時代と比べ、プーチン政権は経済成長政策、子育て支援、貧困対策などの社会政策で成果を挙げています。

その結果、中産階級に属する市民層が増え、彼らが私生活を重視し、政治に対して基本的に無関心になった。そして経済が停滞してくると、政権に対して不満をもつようになるわけです。

宮家　批判しつつも、他に代わりがいるとも思っていないでしょう。むしろ批判の矛先を欧米に転嫁して、自身の政治権力に変えている気がします。そうだとすれば、やはりプーチンは政治の天才です。

もともとロシアは広大な土地と豊かな資源をもっていますが、寒くて、とくに強い産業があるわけではない。そういうファンダメンタルズだけを見れば、じつは途上国に近い。それでもアメリカと伍《ご》して超大国のフリをできるのは、プーチンという天才がいるからです。

北方領土問題はこれからどうなるのか

佐藤　そのプーチンですが、二〇一八年九月にウラジオストクで開かれた「東方経済フォーラム」において、安倍首相に対して「前提条件なしに年内に日ロ間で平和条約を締結しよう」と提案して話題になりました。

日本のメディアは「唐突な提案」「北方領土交渉の先送りだ」と報じていましたが、それはちょっと違うと思います。

宮家　そう。プーチンは「いま思いついた」という言い方をしましたが、そんなはずはない。あの人はもともとKGBのエージェントでしょう。細心の注意を払い、周到に計画したうえで動くのが常なので、思いつきなどでは話さない。

佐藤　それから、プーチンが「一九五六年の日ソ共同宣言は、調印しただけでなく、日本とソ連の双方で批准された」と述べていることに着目すべきです。

日ソ共同宣言の9項には、「ソヴィエト社会主義共和国連邦は、日本国の要望にこたえかつ日本国の利益を考慮して、歯舞群島及び色丹島を日本国に引き渡すことに同意する。ただし、これらの諸島は、日本国とソヴィエト社会主義共和国連邦との間の平和条約が締結された後に現実に引き渡されるものとする」と明記されています。平和条約締結後、ソ連は歯舞群島と色丹島を日本に「引き渡す」ことを約束しているのです。

ポイントは、この「引き渡す」という言葉ですね。ロシアにとって「クリル諸島」（北方四島と千島列島に対するロシア側の呼称）は、第二次世界大戦末期に連合国の取り決めによって合法的に日本からロシアに移転したものです。だから日本側に戻すにしても、それは「返還」ではなく「贈与」です。

その一方、日本にとって北方四島は、当時有効だった日ソ中立条約をソ連に破られて奪取された領土です。だから「贈与」といわれても筋が通らないので、受け取るわけにはいかない。そこで「引き渡し」という中立的な文言を用いて、ロシアは「贈与」、日本は「返還」と解釈できるようにした。日ソ共同宣言には、そういう外交の知恵が盛り込まれています。

宮家　近年のプーチンの考え方や立場は、北方領土の帰属問題の解決には消極的な印象があります。北方四島での「共同経済活動」が主権の問題もあって簡単には動かないから、一発仕掛けてきたのでしょう。その意味では、別に驚くべき提案ではなかった。

できれば平和条約と領土問題を切り離したいのではないか。先に平和条約をやって経済的な活動を強化して、領土問題はあとでやろうと。ただし「あとでやる」ということは、下手をすれば「やらない」のと同じです。

しかし日本政府としては、平和条約と領土問題は一体。北方領土の帰属について議論し、結論を出したうえで平和条約を、という段取りであり、そのための手段として経済活動をやろうという話なので、これを放棄するわけにはいかない。なし崩し的に時効を成立させてはいけないのです。

佐藤　現実的な落としどころとしては、近々に日ロ平和条約を締結し、歯舞群島と色丹島の主権は日本に、一方、国後《くなしり》島と択捉《えとろふ》島の主権はロシアに帰属させる。さらにこの平和条約に、「歯舞群島と色丹島の引き渡しに関する協定は、協議を継続したうえで策定する」と定めるのではないでしょうか。

そうなれば法的には歯舞群島と色丹島が日本領であることが確定し、領土問題が解決することになります。一九五一年、日本は沖縄、奄美、小笠原の施政権をアメリカに残したまま、サンフランシスコ平和条約に署名しました。それと同じようなプロセスだと考えればよい。

宮家　プーチンとしては、「我々が最大限に譲ったとしてもそこだよ」という軽いジャブだったのでしょう。ヨーロッパ方面ではウクライナにちょっかいを出し、ジョージアにもちょっかいを出し、ついにはクリミアを奪取して国際法違反で制裁を受けている国ですからね。それが簡単に北方領土を返すとは思えない。

佐藤　プーチンはおそらく、歯舞群島と色丹島を日本に引き渡しても、在日米軍が北方領土に駐留するような事態にはならないという言質《げんち》を日本からとったのでしょうね。だから、このような踏み込んだ発言をしたのだと思います。

宮家　なるほどね。ただ、プーチンは焦っていないですよね。別に失うものはないから。アメリカとの関係が悪くなり、仕方なく中国との関係改善に努めている最中なので、日本との関係改善までは眼中にないと思います。

佐藤　日本としては、平和条約を締結して国後島と択捉島に対するロシアの統治を合法と認めたほうが得策だと思います。その点に関して、プーチンは中国との関係改善については慎重だと私は見ています。中国よりは日本との関係を改善するほうが、ロシアの国益に適《かな》うと考えている。

そのうえで両島の土地の一部を賃借し、そこに日本が独自の規則を定めて共同の経済活動を行なえばよい。これなら国後島と択捉島に日本の影響力を及ぼすことができます。中国が海洋に進出し、中ロが大がかりな演習をしている現状を見れば、検討に値する選択肢だと思いますが。

宮家　いずれにしても、プーチンの放ったジャブに過剰に反応するのはよくない。我々としては、これまでどおり領土返還の道を模索していくしかないですね。

佐藤　ただ、最近はロシア側も北方領土に関してちょっと神経質になっています。たとえば小さなことですが、二〇一八年七月の「ビザなし交流」で日本の訪問団が択捉島を訪れた際、同行した外務省の係官やマスコミの衛星電話が没収されました。税関手続きをしていないからというのが理由ですが、それまでこんなことはなかった。とくに外交官の持ち物を取り上げると、面倒なことになるからです。

でも、これはちょっとしたボタンの掛け違えなんです。訪問の直前、日本は改正北方領土特措法（改正北方領土問題解決促進特別措置法）という法律を成立させました。共同経済活動の原資として、政府と北海道が「北方基金」を拠出していたのですが、これには利子がつきません。そこで、これを取り崩して地域振興に使えるようにしたのです。

ロシアは、これに過剰反応した。日本側が、北方領土の実効支配を強めようとしているのではないか、と。だから外交官の電話を取り上げたりしたわけです。これは日本ではあまり報道されませんでしたが、ロシアでは猛烈な反発があった。こういう細かいことでピリピリするのは、実務家レベルでの日ロ間のパイプが詰まっている証拠でしょう。

宮家　私も初めてウラジオストクに行ったとき、私だけ徹底的に取り調べられました。普通のパスポートで行ったんですけどね。ロシアにあまりよい思い出はないな。

佐藤　つまりロシアの目つきも、そうとう悪くなっているということです。ロシアの姿勢は、こういう細部に出る。だから朝鮮半島情勢についても、日本はロシアにあまり期待しないほうがよいと思いますね。

独裁者だが専制君主ではないプーチン

佐藤　だいたいプーチンについて、独裁者のように見る向きもありますが、それはちょっと違います。複数のグループの上に立っているだけ。それぞれのグループは彼を独裁者と見せることで、利益を見出しているんです。

そういう意味では独裁者ですが、専制君主ではない。たとえば北方領土問題にしても、プーチンが決断すればすべて決まるというわけではない。仮にプーチンが安倍首相と会談し、歯舞群島、色丹島の引き渡しに合意したとしても、ロシアの地元の漁業者が許さないでしょう。彼らにとって死活問題ですから。

島を日本に渡せば、その周辺海域はロシアから日本のEEZ（排他的経済水域）に変わり、漁業権も日本に移ります。もしそこでロシアの漁業者が操業したければ、日本に入漁料を払わなければならない。彼らがそんな不利益を認めるはずがありません。

そんな彼らを押し切る力が、プーチンにはない。だから北方領土問題も実際の引き渡しを考えると、そう簡単には動かない。このあたりの事情を、日本政府はもっとよく理解しなければなりません。

そしてもう一つ、ロシアはどの国とも戦略的な提携を考えていない。ロシアは自分たちの力をよく把握しているので、とくにアメリカに対してはエラーにつけ込んで影響力の拡大を図ったりはしますが、それ以上でも、それ以下でもありません。

あるいは中国や日本との連携は、すべて戦術的なもの。たとえば対中戦略で何かをやることによって中国を牽制《けんせい》できるというのは、レトリック以上のものではありません。日本としては、そこを冷静に見極める必要があります。

宮家　おっしゃるとおりです。ロシアにとってアメリカとの関係は唯一、戦略的な問題ですが、それ以外は戦術的な問題でしょう。そのロシアに対日、対中関係で戦略的な判断をさせるのは、容易ではありません。

トランプを「いいヤツ」と見なすロシア人

佐藤　それから、じつはトランプはロシアでとても評判がよい。ロシア人はみな、トランプのことが好きです。二〇一八年七月にフィンランドのヘルシンキで行なわれたトランプとプーチンの共同記者会見にしても、ロシアでは好感度が高かった。

宮家　それはそうでしょう。トランプはロシアに文句をいわないんだから。

佐藤　たしかに大統領選挙へのロシア介入疑惑（ロシアゲート）に対して、「プーチン氏の否定は力強い」と述べて米情報機関の主張を否定しました。しかしそれだけではなく、「米ロは世界の核の九割をもっている。ともに平和をつくり出す責任がある」という言い方をした。ロシアを大国と持ち上げたわけです。それに、大統領選挙のときから「ロシアとの関係を改善する」と表明していた。

だからプーチンも、選挙について「ロシアの世論はトランプを支持していた」と応じた。「改善する」といわれて悪い気がする人はいません。当然、ロシア国民はトランプによい印象をもった。
それからロシア介入疑惑についても、プーチンは仮にロシアのある企業が関与したとしても、ロシア政府とは関係ないと述べました。それは、投資家のジョージ・ソロスがロシアで好き勝手なことをしても、それをアメリカ政府の仕業とは思わないことと同様だ、と。こういう話、トランプは好きなんです。プーチンはそれを知っているから、わざわざ話しているわけですが。
トランプは、そんなプーチンを見てうなずくわけです。しかも終盤、プーチンからサッカーボールを受け取って喜んでいた。その姿をロシア人が見たら、やはり「いいヤツ」に映るんですよ。私は会見を実況放送で見ていましたが、もうロシア人の沸き上がる様子が皮膚感覚でわかりました。

宮家 トランプはロシアにとって、いいヤツというより扱いやすいヤツではないですか？逆にアメリカ人にとっては、裏切り行為にしか見えなかったでしょう。とくにエスタブリッシュメントの連中が激怒していましたから。

佐藤 それでアメリカに帰った直後、ヘルシンキでの発言を撤回して米情報機関の結論を受け入れると表明しました。それに関しても、ロシアでは「トランプはけしからん」という論調にはならない。内政があるからそういわざるをえないよね、と同情的です。あくまでもプーチンの前で語ったことが本音だろうと解釈している。そういう論調だから、ロシアゲートも真実味を増しますよね。

第3章　核抑止から核拡散の時代へ

「非核三原則」と日本人のミーム

核抑止論は頭の体操のようなもの

宮家　これまでの議論を踏まえたうえで、本章では核兵器の問題について考えてみましょう。この問題について私がいつもいうのは、この東アジアにおいて、核兵器はつねに存在した、ということです。中国はすでに核弾頭をもっていた。その数も、かつては一〇や二〇でしたが、ストックホルム国際平和研究所によると、いまや二五〇にもなっている。もちろん中国だけではなく、ソ連・ロシアも保有しています。そうした意味では、大国同士で核を持ち合うことで、それが抑止力として働いてきたわけです。

ヨーロッパでは、一九八〇年代に中距離核ミサイルをめぐる大議論が沸き起こりました。ソ連が中距離核ミサイルを配備した際、射程圏内のヨーロッパ各国はアメリカに対し、「ワシントンD.C.を犠牲にしてでもヨーロッパの各都市を守るのか」と疑念を抱くようになった。これを「デカップリング（切り離し）問題」といいます。

結局、このときはヨーロッパ各地にアメリカの中距離核ミサイルを配備するとともに、ソ連に軍縮を呼びかけた。これが一九八七年の米ソによる「中距離核戦力全廃条約」につながったわけですね。

当時から三十年以上が経って、この話はいまや、ヨーロッパでは昔話になっています。二〇一八年、アメリカはこの条約から撤退しましたが、それでも、当時の抑止はいろいろな意味でまだ機能しています。

ところが北朝鮮の核については、いまでもおそらく抑止はされていると思いますが、誰もう一つ自信をもてない。彼の国ならほんとうに使いかねないし、それを脅しの材料として公言しているくらいですから。その意味では、相互抑止というかたちでは、抑止ができないわけです。現実問題として、北朝鮮には日本に届く中距離の弾道ミサイルがある。搭載可能な核弾頭ができているかはわかりませんが、まだ完成していないにしても時間の問題でしょう。その一方、日本には対抗できるミサイルがない。そこではアメリカの核の傘に頼らざるをえないのです。

佐藤　とはいえ、原理的な疑問ですが、弾道ミサイルで実際に核爆弾を爆発させたことは、過去にありませんね。実際に使ったとき、ほんとうに爆発するのでしょうか。

宮家　それはやってみないとわからない。

佐藤　だからロシアにしても、中国にしても、アメリカにしても、いまだ旧式の爆撃機をもっているわけですよね。爆撃機なら一定の高さを確保して落とせるし、広島と長崎の前例もある。その点、弾道ミサイルでそれが可能かどうか。

宮家　それから巡航ミサイルもあります。こちらは爆弾を積んだ無人ジェット機のようなものなので、きちんと爆発する可能性も高いかもしれない。しかしおっしゃるとおり、核を積んで実戦で使用されたことはないですね。

佐藤　核兵器搭載が可能な弾道ミサイルが開発されたときには、すでに米英ソのあいだで部分的核実験禁止条約が成立していたので、大気圏内では実験できない状態でした。機械を一度も実験せずにいきなり使うのは、きわめてリスキーですね。

宮家　そうです。ただ、核抑止力はいってしまえば、ほとんど心理戦の頭の体操のようなもの。向こうがこう来たら、こんな手を打つ。そして最終的には、両方とも滅亡するにちがいない、と。そういう世界だから、誰も試したことがないのはある意味では、当たり前です。

「非核三原則」を「非核二原則」に？

宮家　それはともかく、かつて冷戦時代に取り沙汰された「デカップリング問題」が、これからは東アジアの日本でも初めて意識されるでしょう。北朝鮮の中距離ミサイルが日本をターゲットにしたとき、アメリカはワシントンD.C.を犠牲にして東京を守るか、という議論になってくるはずです。

佐藤　そうすると、日米同盟をいっそう進化させないといけない、という話になりますね。

宮家　心理戦でいえば、そうなるはずです。ただ、北朝鮮が開発中といわれているICBM（大陸間弾道ミサイル）は、発射後に水平線を越えて制御できるものではありません。だからほんとうにアメリカまで届いて、しかも爆発するかどうかはわからない。核抑止論から見ると、これはアメリカにとってまだ、強力な脅威とはいえません。

たしかに日本や日本の米軍基地にとって、北朝鮮の中距離ミサイルは脅威です。しかしアメリカ本国にとっては戦略の問題ではなく、地域の戦術の問題ですね。

では、日本はどうすればよいのか。アメリカによる核の傘は有効か。そこでNATO（北大西洋条約機構）を参照すると、イギリスも、フランスも核兵器をもっている。またNATOの「ニュークリア・シェアリング」のルールにより、ドイツなどにもアメリカの核兵器が配備されていて、使用時には一緒にボタンを押すことになっています。

その点、日本には何もない。私はいつもいうのですが、とりあえず「非核三原則」をどう考えるかという議論だけは、しなければならない。結論は変わらなくても、少なくとも「持ち込ませない」の原則だけは緩めて、「二原則」か「二・五原則」にすべきか否かという話を国会などでする必要がある。

佐藤　「持ち込ませない」といったところで、アメリカは持ち込んでいるかどうかをいいませんからね。

宮家　それは、SLBM（潜水艦発射弾道ミサイル）を積んだ原子力潜水艦を寄港させればわかります。これを容認すれば「二・五原則」です。さらに、核弾頭つき巡航ミサイルを日本に配備するとなると「二原則」。そのボタンを一緒に押す権利を日本政府がもてば「一・五原則」になる。しかしいまの日本では、こういう議論をするのは無理でしょう。ただ、やがてそうもいっていられない時代が来るはずです。何が起こっても大丈夫なように、準備だけはしておかないと。

佐藤　現実のほうが先に行きすぎていますからね。おっしゃるとおり、「ニュークリア・シェアリング」まで踏み込んで「一・五原則」にするなど、もう少し早い時期に議論が必要でした。

二〇〇九年に、一九六八年の時点で当時の佐藤栄作首相とリチャード・ニクソン大統領のあいだで交わされた密約文書の存在が明らかになりました。「核兵器を搭載した米艦船の寄港・通過を、日本政府は黙認する」というものですが、本来ならばあれをきっかけに議論をスタートさせるべきだったのでしょう。「非核三原則」を堅持するという表向きの話ではなく、密約文書にあるような実態に合わせた議論をしなくてはならなかった。

宮家　当時は民主党政権だったから、残念ながらそうできなかった。とはいえもちろん、それは民主党だけの問題ではありません。仮に自民党政権だったとしても、できなかったはずです。「非核三原則」は日本の過去の歴史的経験から生まれたものですから。

佐藤　進化生物学者のリチャード・ドーキンスがいうところの「ミーム（文化の遺伝子）」のようなものですね。日本人にとっての安全保障の文法において、「非核三原則」は堅持しなければならないという意識がある。だから議論しようとすると、その「ミーム」が阻害するわけです。

ドーキンスによれば、人間は遺伝子を運ぶ生き物である。しかし一方、人間は避妊もする。これは明らかに遺伝子を運ぶという原理に反するわけですが、それこそがミームのなせる業です。安全保障の議論についても、ミームでいろいろ説明できると私は思います。

宮家 その文化の遺伝子というのは、後天的なものですか？

佐藤 そうです。いろいろな経験を経て形成されていく。だから安全保障についても、論理ではこうすべきというものがあっても、身体がいうことを聞いてくれないときもある。しかし後天的ですから、時間をかければそれも変容していくはずです。

北朝鮮が核兵器で恫喝するのは日本だけ

宮家 しかし、時間がないですね。トランプが米朝首脳会談を行なうと発言したあとから、事態はすごいスピードで動いています。いままで動かなかったぶん、一気にその反動が来ているような感じです。

しかも北朝鮮の核兵器については、日本こそ最も警戒する必要がある。距離が近いので、短距離ミサイルでも中距離ミサイルでも、射程圏内に入っていますから。

佐藤　意思と能力という観点から考えても、北朝鮮がロシアや中国に対して核兵器を使うことはありえない。アメリカを狙う気もないし、そんな能力もない。同胞である韓国に対して使うことも、ほぼないでしょう。

宮家　結局、恫喝《どうかつ》に使うとすれば対日本しかないわけですね。だとすれば、韓国は北朝鮮が核をもつことを、内心では容認しているかもしれません。おっしゃるとおり、自分たちが狙われることはないわけですから。

佐藤　むしろ韓国の外交官のなかには、心の底では北朝鮮の核保有を誇りに思っている人もいます。あれだけ経済封鎖されているにもかかわらず、ここまで核開発ができたのは、我が韓民族が優秀な証拠である、と。韓国も頑張っていますが、いまだ大気圏外にモノを出すことすらできていない。自力で人工衛星を打ち上げられないのです。それに対し、北側はその技術をもっているわけですから。

宮家　私は韓国も本気になればつくれる気がしますよ。北朝鮮ができるのに韓国ができないわけがないと思います。まして北朝鮮が核をもっているのだから、なおさらです。

佐藤　韓国の性格からして、そうしたいと思っていても不思議ではないでしょう。

宮家　アメリカは、もちろん北朝鮮が核をもつことに嫌悪感はありますが、まだＩＣＢＭがない、つまり、アメリカ本土に到達しない現段階では切迫感がない。本心では「仕方がない」と思っている恐れすらあります。

佐藤　それは対パキスタンと同じですね。パキスタンもやはりＩＣＢＭをもっていないから、アメリカはパキスタンの核保有に対してあまり強くはいわない。

宮家　パキスタンの核は、インドにしか向いていませんからね。ならば中国はどうか。北朝鮮の核の射程距離内なので、おそらくアメリカよりは警戒心があるでしょう。その意味では日本と同じです。しかも中朝の関係を考えれば、決して安心できるような状況ではない。

そうした状況のなかで、日本が最も避けるべきは、佐藤さんがいわれたとおり、思考停止することです。ありとあらゆる可能性を想定したうえで、ではどうするか？　をタブーなしで議論する必要がある。

佐藤　日本国内には「日本も核武装すべきだ」という勇ましい意見もありますね。それは無理です。心情的な部分だけではなく、理屈のうえでも無理。そのことを理解している人は、じつは少ないかもしれません。

日本は「核兵器不拡散条約（ＮＰＴ）」に非核保有国として加わっています。そして日米原子力協定によって、アメリカからウランの提供を受けて原発を稼働できることになっている。ところが、もし日本政府が「核武装します」と言い出せば、その瞬間にアメリカにウランをすべて返さなくてはいけない。つまり、原発の稼働が不可能になるわけです。まだ多くが停止しているとはいえ、原発は日本の電力供給能力の二割を占めています。それを失えば、日本の産業は崩壊するでしょう。だから、核武装を画策することは現実的ではない。

ただし、日本は非核化政策を貫くべきではありますが、核兵器をつくる原子物理学的な能力はもっていたほうがよい。「つくる能力はあるが意思はない」と国際社会に示すことが重要だと思います。

アメリカは核政策をどう変えるのか

軍事の素人トランプが核軍拡を招く？

宮家　そこで問題は、アメリカが核政策をどうするつもりなのか？　ということです。トランプの登場によって、それがよくわからなくなりました。

佐藤　トランプはじつに危うい。大統領に就任する直前の二〇一六年十二月、ツイッターで「世界の核に関する良識が戻るまで、アメリカは核能力を強化・拡大する必要がある」と主張しています。あるいはニュース番組でのインタビューでも、軍拡競争を示唆するような発言をしました。

アメリカはすでに他の追随を許さない超軍事大国です。それが核兵器によってさらに拡大すると、国際的に孤立しかねません。そのリスクをトランプは過小評価しているのではないか。

おそらくトランプは、核廃絶に取り組んだオバマ前大統領の政策を全否定することで、自分の存在感を誇示したいのでしょう。

宮家　そのとおりだと思います。部分修正ならまだよいのですが、全否定ですから、その副作用も大きい。

佐藤　もともとトランプのツイートは、ロシアのプーチンが、アメリカのミサイル防衛システムに迎撃されない核ミサイルの開発・配備を進めると表明したことに反応したものでした。

そのツイートを踏まえ、記者会見では直接の反論は避けて「軍拡競争が始まったとすれば、アメリカがＡＢＭ（弾道弾迎撃ミサイル）制限条約から離脱したときからだ」と述べています。

東西冷戦が終結した直後の一九九一年、米ソは第一次戦略兵器削減条約（ＳＴＡＲＴ１）を締結し、ＩＣＢＭなどに核弾頭を載せた射程の長い戦略核の数を削減しました。また二〇一〇年四月には、当時のオバマ大統領とロシアのドミートリー・メドベージェフ大統領が新たな戦略兵器削減条約（新ＳＴＡＲＴ）に署名し、さらなる核軍縮を約束しています。

ところが二〇一四年、ロシアがウクライナのクリミア半島を併合して以降、両国間の核軍縮交渉は中断しています。そういう状況下で、両国トップが「売り言葉に買い言葉」のような応酬を繰り広げたわけです。実際に核軍拡に向かえば、緊張が急速に高まるところでした。

宮家　たしかにそうですね。しかし、考えてみれば、いまは冷戦時代の核兵器が老朽化する一方で、中国も含め核兵器の技術自体も進歩しています。これまでの議論や法的枠組みだけで核抑止を維持するのは、難しくなっているのかもしれません。

佐藤　もっとも、トランプの当時の政権移行チームは、トランプのツイートについて「核拡散の脅威を防止するという意味」と説明し、「力を通じた平和追求において、この国の抑止能力の改良・刷新は不可欠だと強調した」のだと述べています。

またプーチンも、アメリカとの軍拡競争に踏み込むつもりはないとの意思を明確にしています。プーチンはインテリジェンス機関出身の現実主義者なので、ロシアにはアメリカに対抗する軍事力も経済力もないことを冷静に認識しているはずです。

一方のトランプは、外交、安全保障、インテリジェンスのいずれの分野においても経験がない素人です。よほど側近の安全保障専門家が不規則発言を抑え込まないと、想定外の核軍拡競争に発展しかねません。

アメリカに対抗する兵器を開発するロシア

宮家　実際、二〇一八年二月にトランプ政権は「核戦略の見直し（ＮＰＲ）」を発表しましたね。小型核兵器や核巡航ミサイルの新たな開発のほか、核兵器を使わない攻撃に対しても核を使用する可能性に言及した。要するに、核の役割を拡大するということです。

佐藤　それも大きな戦略があるわけではなく、経済政策の一環として考えているのでしょう。問題は、トランプ政権が戦争も「公共事業」の一部と考えていることです。核兵器の拡散と戦争が結びつけば、人類は一瞬で破滅してしまいます。

宮家　ＮＰＲによれば、仮想敵国は中国とロシアですね。両国が核兵器を近代化・拡散しているから、アメリカとしても柔軟に対応できるようにしておく必要がある、と。

佐藤　当然、ロシアは激しく反発しました。アナトリー・アントノフ在米ロシア大使は、ロシアの政府系高級紙『イズベスチヤ』電子版に掲載されたインタビューで、以下のように述べています。

「ロシアの外交官として、力の立場から話をしなくてはならないのか、上から目線で我々と話さなくてはならないのか、何をどのようにせねばならぬか、指示されなくてはならない必要があるのかと指摘したい」（二月三日付）

これが、クレムリンの立場を正確に反映した言葉でしょう。またロシアの通信社「リア・ノーヴォスチ」によれば、大使は「米国人は再びロシア連邦の姿に醜悪なものを発見した」「これらの背景には、軍産複合体に大量の資金を注ぎ込みたいという願望があることを我々は理解している。この背後には巨大な数十兆ドルがあることを我々は理解している」とも述べています。

宮家　じつはこの一年ほど前、私はトランプ政権にちょっと期待した時期があったんです。選挙モードの「トランプ1・0」から、政権維持・統治モードの「トランプ2・0」に変わりはじめたのではないか、と。より現実的な政策を志向しはじめたように見えたからです。

たとえばマクマスター陸軍中将が国家安全保障担当補佐官に、ジョン・ケリー元海兵隊大将が国土安全保障長官からホワイトハウスの首席補佐官に就任しました。ケリー補佐官はバノン首席戦略官を解任し、イヴァンカ夫妻の特権を剝奪し、トランプのホワイトハウスに秩序と規律をもたらしました。

あるいは外交面でも、アジア外遊でインド太平洋戦略を提唱したり、ＮＡＴＯの重要性を再確認したり、イラン核合意を維持したりと、当初は現実路線だったと思います。ところが二〇一八年に入り、トランプはおかしな自信をもちはじめました。三月にはティラーソン国務長官とマクマスター補佐官が相次いで解任され、後任に対外強硬派のポンペオCIA（中央情報局）長官とジョン・ボルトン元国連大使が指名されます。また同月には、二〇二〇年大統領選挙のスローガンを「偉大なアメリカの維持」と決めました。どうやら「トランプ2・0」どころか、中間選挙のみならず、二〇二〇年の再選に向け、選挙モードの「トランプ1・0」に回帰しつつあるように見えます。

これから懸念すべきは、こうして〝先祖返り〟したトランプが、より強硬で妥協を嫌う側近たちとともに、外交・安保政策を立案・実行することです。

佐藤　一方、モスクワではプーチンもアメリカとの対決姿勢を見せています。同じく二〇一八年三月、連邦議会で年次教書演説を行ないましたが、アメリカのNPRに対して戦略兵器の増強で対抗する方針を示しました。ちなみに教書演説は、例年ならば十二月に行なわれるものですが、このときは三月十八日が大統領選挙だったので、選挙運動の一環として、この時期まで遅らせたようです。

ロシア政府が事実上運営するウェブサイト兼ラジオ「スプートニク」によれば、プーチンはこの教書演説で、アメリカが世界中でミサイル防衛（ＭＤ）システムを展開していると非難したうえで、ロシア防衛産業の新兵器について四十分も割いて語りました。その際には、ＭＤシステムの突破システムを搭載した新型弾道ミサイル「サルマト」の３Ｄ映像まで紹介した。さらに、ＭＤシステムに対抗できる特別な戦略兵器の開発を始めたとも述べています。

宮家　このプーチンの演説を受けてアメリカがＮＰＲを変更し、ＭＤシステムの展開を中止するとは考えられません。だとすれば、米ロ関係はいよいよ緊張することになります。

佐藤　この演説後、情勢は質的に変化したと思いますね。

問題は日本です。第2章でも述べましたが、今後の北方領土交渉は、平和条約締結後にロシアが日本に歯舞群島と色丹島を引き渡すことを約束した一九五六年の「日ソ共同宣言」を基礎に進められています。仮に引き渡すにしても、プーチンはその前提条件として、そこに米軍が展開しない保証を求めてくるでしょう。これはかねてからのロシア側の懸念材料でしたが、以前ならば、日本の首相が口頭で約束すれば済む話でした。しかし米ロ関係が悪化した昨今、日本側に文書での約束を求めてくると思います。

ところが日米安保条約によって、日本が実効支配する領域には米軍も論理的には展開できることになっています。従来、外務省北米局と国際法局は、その例外となるような「聖域」

をつくりたくないという立場をとっていましたが、シンガポール日ロ首脳会談の前に立場を変えました。引き渡し後の諸島に米軍が展開する可能性があるなら、ロシアは領土交渉から降りるからです。

「イラン核合意破棄」がもたらす不安定

「イラン核合意」は妥協の産物だった

佐藤　核についてもう一つ大きなトピックといえば、二〇一八年五月のトランプによるイラン核合意（ＪＣＰＯＡ）の破棄でしょう。日本では北朝鮮問題の報道に隠れて、この重大な決断の意味が驚くほど過小評価されていました。これは日本の外交、経済にも大きな影響を及ぼしかねません。

核合意は、二〇一五年に米英仏独ロ中の六カ国とイランが締結したものです。イランが核兵器開発を大幅に制限する代わりに、各国は金融制裁や原油取引制限などの経済制裁を緩和しました。

トランプは、この合意の中核的部分に欠陥があると指摘していますが、じつはその見方は正しい。イランのウラン濃縮技術は保全されるし、軍関係施設への査察も制限されている。それに弾道ミサイル開発規制が含まれていない。つまり、この合意は事実上、イランの核開発を容認する意味をもっていたのです。トランプの言い方を借りるなら、「核合意はイランのみに利益をもたらす」。だから、アメリカは破棄したわけです。

宮家　同時に、これまで解除していた対イラン制裁を復活させましたね。各国企業にエネルギー資源関連をはじめ、貴金属や航空機の取引を停止するよう求める、と。

たしかにイラン核合意は不十分で不完全なものでした。もともとイランには民度と力があり、核兵器を開発する能力もあり、中東地域の大国でもありますから、その言い分を無視できなかった。ギリギリの妥協でできあがったものだったのです。当時のオバマ大統領が、イスラエルやサウジアラビアとの関係を犠牲にしてまで、イランとの関係改善を急いだ結果だと思います。

それをトランプが「けしからん」といい、元に戻して圧力をかけることにした。これはガチンコ勝負で、トランプ政権は妥協しませんから、混乱はまだ続くでしょう。

佐藤　以前から核合意の修正または破棄を求めていたイスラエルのベンヤミン・ネタニヤフ首相も、トランプの判断を「勇敢な決定」「歴史的な動き」と歓迎しましたね。「核合意は中東地域全体でイランの侵攻を劇的に増やす」とネタニヤフは認識していたようですが、これも正しい見立てです。実際に核合意以後、イランはシリア、イラク、イエメンで策動を強めてきました。その攻勢を牽制するうえでも、アメリカの核合意破棄と制裁の再開は大きな意味をもっています。

もちろん、イランはトランプに激しく反発しています。ハサン・ロウハニ大統領は、残る五カ国とともに核合意の枠組みを維持する方針を表明する一方、「核合意が国益にそぐわなくなれば、ウラン濃縮を再開できるようイラン原子力庁に指示した」と述べました。

ただし、イランの大統領は国民の直接選挙で選ばれますが、その権力は限定的です。国家意思を事実上決定するのは、最高指導者のアリー・ハメネイ師。ではハメネイ師がどう述べたかというと、アメリカのみならず、イギリスもフランスもドイツも激烈に批判する演説を行ないました。

イラン政府が運営するラジオ局兼ニュースサイト「ParsToday（パース・トゥデイ）」（二〇一六年五月九日付）からその言葉を拾ってみると、たとえばヨーロッパ三カ国との協議について、「彼らを信用すべきではない。あらゆる協定に関しては具体的な真の保証を取り付ける必要があり、そうでなければ、このかたちで活動を続けることはできない」とか。

あるいはトランプについては「この人物は、明らかな嘘を一〇回以上述べたうえに、イラン国民とイスラム体制を脅迫した。私はイラン国民を代表し、彼にこういいたい。〝あなたには何もできない〟」。さらには「アメリカによる、転覆を狙うやむことのない深い敵対は、私や他のイランの体制責任者に対する敵対ではなく、この体制を選び、その道を歩む国民とイスラム体制全体に対する敵対だ」。

宮家　一連の経緯で私が気になったのは、各国のリーダーの言葉の軽さですね。もう少し成熟していてもよいはずです。たとえばトランプは七月二十二日にツイッターで「イランは二度とアメリカを脅迫するな。さもないと史上例のないような報いを受けることになるぞ。気をつけろ！」と述べている。

これは、直前にロウハニが「トランプさん、虎の尾を弄《もてあそ》べば後悔することになる。イランとの戦争はすべての戦争の母となることをアメリカは知るべきだ」と挑発したことに反応したものでした。

余談ですが、ロウハニの「すべての戦争の母」という表現は、イスラム教の聖典コーランに由来する、由緒ある慣用句です。中東地域で頻繁に使われているらしいのですが、一躍有名になったのが一九九一年一月の湾岸戦争の直前。イラクのサダム・フセイン大統領が、この戦争を「すべての戦闘の母」と表現したのです。ちなみにこの種の表現は、米軍も気に入ったらしい。二〇一七年四月にアフガニスタンで超大型爆弾を投下したとき、その爆弾を「すべての爆弾の母」と呼んでいましたからね。

いずれにせよ売り言葉に買い言葉の世界ですが、両者の対立は今後もエスカレートしそうです。

やがてイランは核開発を再開する

佐藤　おそらくそう遠くない時期に、イランは核開発を再開するでしょう。そうなると、中東地域全域に激震が走ります。とくに注目すべきは、サウジアラビアへの影響です。

サウジアラビアとパキスタンのあいだには、秘密協定があるといわれています。イランが核兵器を保有したら、すぐにパキスタン領内にある核弾頭のいくつかをサウジアラビア領内に移すというものです。そもそもパキスタンの経済力では、核兵器の開発は難しかった。そこで、サウジアラビアが資金を提供した。

つまり、サウジアラビアはパキスタンがもつ核兵器のオーナーなので、パキスタン側に協定の履行を拒否する権利はありません。またアメリカも、サウジアラビアとのこれ以上の関係悪化は避けたいので、阻止することはできない。したがって、黙認するしかないでしょう。サウジアラビアは、簡単に核保有国になりうるわけです。

もしサウジアラビアが核兵器を保有すると、アラブ首長国連邦（ＵＡＥ）、クウェートなどはパキスタンから核兵器を購入し、エジプトは自力で核開発を行なうでしょう。こうして深刻な核拡散が始まると思います。

このような事態を防ぐには、イランに対する国際圧力を強め、イランの核開発を止めることが欠かせません。日本の民間企業は、カントリーリスクを冷静に計算して、早急にイランから手を引いたほうがよいと思います。

宮家　サウジアラビアとパキスタンとの関係については、ご指摘のとおりです。私はイラン核合意の内容には、一貫して懐疑的でした。こんな中途半端な合意では、イランは必ず核開発計画を再開・復活させると思ったからです。また、中東における核拡散は絶対に避けたいところですが、一部には、イランとアメリカの軍事対決に発展するのではないかという見方もありますね。

しかしその点に関しては、私はけっこう楽観的です。理由は二つあります。

理由の一つ目は、両国間の対立が言葉の格闘技の域を超えて物理的格闘に至る可能性は低いと思うからです。イランは米軍の圧倒的強さを理解しています。一方、アメリカ側もイランが中東で相応の力をもっていることを知っています。つまり相互抑止が働いているので、当面は〝言葉の格闘技〟以上には発展しないでしょう。

理由の二つ目は、ロウハニがあえてホルムズ海峡封鎖に言及したことです。「政治の基本を知る者は『イラン原油輸出阻止』などといわない。イランは歴史上、つねにその水路の保護者であったからだ」と述べたらしい。イランの原油輸出が止められれば、我々は海峡封鎖も辞さないというわけです。ハメネイ師もこの発言を支持したそうです。

しかし、実際に海峡を封鎖することはありえないと思います。そんなことをすれば、逆にアメリカと湾岸アラブ同盟国の海軍によってただちにホルムズ海峡が逆封鎖され、イラン向けの原油タンカーだけ通航不能になる。つまり、イランにとっては自殺行為なのです。

イラン海軍の能力は著しく向上していますが、まだ現時点で米海軍の敵ではありません。一九八〇年のイラン・イラク戦争勃発時、私はエジプトでアラビア語の研修中で、その二年後からイラク大使館に勤務しました。当時から外務省の本省にとって、ホルムズ海峡の封鎖は最大の関心事でしたが、当時から四十年弱を経てなお、イランが海峡封鎖を試みたことはありません。

　だから、今後も当面は軍事的戦闘ではなく、言葉のボクシングが続くと思います。言い争いではなく、もう少し気の利いた大人の表現による応酬を期待したいところですが。

佐藤　そしてもう一つ、アメリカとイランの緊張は、アメリカと北朝鮮の関係にも影響を及ぼすかもしれません。中東で忙殺されるトランプ政権に、北朝鮮とまで問題をこじらせる余裕はありません。できるだけ省エネ戦略で対処しようとするのではないか。つまり金正恩が北米大陸に到達可能なＩＣＢＭの開発を断念すると約束すれば、トランプは北朝鮮の核保有を容認する可能性が出てきます。

宮家　また、欧米の一部には、このトランプ政権の判断と対北朝鮮政策を関連づける論調もあるようです。トランプも、イラン核合意を破棄することで北朝鮮に「正しいメッセージ」を送ると述べたそうですが、私は懐疑的ですね。

　たしかに焦点は同じ核問題ですが、金正恩がイラン問題の行方によって政策判断を変えるとは、とうてい思えません。韓国の文在寅大統領の絶大な支援もあり、北朝鮮のこれまでの戦術は十分うまくいっているからです。おっしゃるとおり、むしろ混乱に乗じるかたちで核保有を続けやすくなるかもしれませんね。

佐藤　それにしても、繰り返しますが日本の報道には、アメリカのイラン核合意の破棄について真剣に考えているものが見当たりませんでした。対北朝鮮の連関に言及したものもない。アメリカの経済制裁の再開で、日本企業がどれほどの経済的損失を被るかという、その一点に関心が集まっただけです。

宮家　今後、日本政府がイランとどうかかわっていくかは、非常に重要かつ難しい問題です。基本的に、イランは中東地域の大国ですから、日本としては付き合いをやめてはいけない。しかし、現在のロウハニ政権は難しい相手です。アメリカとの関係もあるので、そう簡単に仲良くすることもできません。従来も慎重なスタンスが必要でしたが、これから日イラン関係はさらに難しい状況に入っていくでしょう。

第4章　混迷する中東と「脱石油」の衝撃

エルサレムを首都に認定したトランプ

和平プロセスを壊したトランプの過ち

宮家　二〇一七年末、トランプがいきなりエルサレムをイスラエルの首都に認定して世界中を驚かせました。私自身、まさかやるとは思いませんでした。そして二〇一八年五月には、ほんとうにアメリカ大使館をテルアビブからエルサレムに移転した。これはとんでもない話です。

現在のエルサレム問題は、第三次中東戦争中の一九六七年、イスラエルが東エルサレムを含む西岸・ガザを占領したことに端を発します。当時、国連安全保障理事会（安保理）は「最近の紛争で占領された領土からのイスラエル軍の撤退」を求めた「決議２４２」を採択しました。

ところが、この決議文が問題のタネとなります。原案では「the territories occupied since 1967」からイスラエルは撤退しなければならないと書いてあった。日本語に訳せば、あの「すべての」占領地が撤退の対象ということです。ところが最終の決議文ではなぜか「the」が消えていた。そうすると、占領地から部分的に撤退すればよいとも読める。イスラエルはそう解釈して、国連決議を履行していると主張しているわけです。

なぜ、どの段階で「the」が消えたのかはいまだに謎ですが、おそらく頭のよい誰かがしれっと消したのでしょう。間違って消えたはずがない。いずれにせよ、東部分を含むエルサレムの帰属は、「未解決」というのが国際法の理解です。

未解決である以上、これまで各国が大使館をテルアビブからエルサレムに移転させることはありませんでした。アメリカでも、連邦議会の決議があり、多くの大統領候補が選挙戦中に大使館移転を公約してきましたが、決して実現することはなかった。この問題はあまりに微妙であるため、和平交渉の最終段階でしか解決できないと考えられたからです。

佐藤　トランプも大統領選挙のときから、エルサレムがイスラエルの首都であるとして、大使館を移すと公言していました。さらに大統領就任演説でも、親イスラエルを打ち出していた。「聖書は『神の民が団結して生きていることができたら、どれほど素晴らしいことでしょうか』と私たちに伝えています」と引用していますが、これは旧約聖書の「詩編」の一節です。

つまりトランプは、キリスト教徒のみが聖典とする新約聖書ではなく、キリスト教徒とユダヤ教徒の両者が聖典とする旧約聖書からあえて引用し、イスラエルと全世界のユダヤ人に「私はあなたたちと価値観を共有しています」というメッセージを送ったわけです。自身の権力基盤を強化できると考えたからでしょう。

宮家 これまでも、イスラエルとパレスチナのあいだで何度か和平交渉が行なわれてきましたが、どうしても折り合いのつかない点が二つありました。一つはエルサレムの地をどうするかということ。そしてもう一つは、占領地から追い出されたパレスチナ人に帰還の権利を与えるかどうかです。

この二つに解決策が見えないから、和平交渉ではそれ以外の合意可能な部分を先にやって、エルサレムと帰還権については最後の最後にあらためて考えましょうという話になった。その前提で行なわれたのが、一九七八年のキャンプ・デービッド合意であり、一九九三年のオスロ合意だったのです。

ところがトランプは、こうした微妙なバランスで維持されてきたプロセスを壊してしまった。トランプを「moran（ばか）」と批判して二〇一八年三月に解任されたティラーソン前国務長官は、五月の大使館移転の際、またもトランプを「moran」と罵ったそうですが、わからなくもないですね。

佐藤　情報機関も反対していました。こういうことはイスラエルのモサド（中央諜報安全機関）も望んでいなかった。あるいはネタニヤフ首相も望んでいなかったはずです。トランプとの会談では「これは私たちの民族の心に永遠に残る歴史的決定だ」と讃《たた》えたそうですが、これは建前上の話。内心は「困ったことになった」と思っているでしょう。

問題は今後です。パレスチナ自治政府のマフムード・アッバス議長は、「イスラエルの承認を取り消すことを検討する」と語っています。パレスチナの過激派がイスラエルを攻撃するのは必至でしょう。またアメリカでも、二〇〇一年の同時多発テロを上回るようなテロ事件が起きる恐れがあります。国際秩序が大混乱するリスクがあることを、トランプは過小評価していると思いますね。

宮家　最も重要なことは、パレスチナ問題に関する交渉について、アメリカが「善意の仲介者」であることを事実上、放棄したことです。このツケは何十倍にもなってアメリカに返ってくる可能性がある。

佐藤　そう、そしてこれは日本にとっても無関係な話ではありません。アメリカには、中東と朝鮮半島で軍事的に二正面作戦を展開する余裕はありません。中東情勢が緊張を増すことによって、アメリカは北朝鮮に対し、いっそうの宥和《ゆうわ》政策を進める可能性がある。そうなれば、日本の対北朝鮮政策も抜本的な見直しを迫られるでしょう。

「ベルリンの壁」から学んだイスラエル

佐藤　イスラエルとパレスチナの対立といえば、イスラエルがヨルダン川西岸地区に分離壁を建設しはじめたことも大きいですね。これには二つの意味があります。一つは物理的に人の移動が少なくなったこと、もう一つは、こういう壁をつくれるほどの能力をイスラエルがもっているということです。これにより、両者の力関係が明らかに変わってきていることが可視化されたわけです。

イスラエルは、ベルリンの壁から学んだのでしょう。あれは東側の強さを示すものであり、いくら西側が圧力をかけても撤回させることはできないということを知らしめるものでした。事実、国際社会はあの壁を放置するしかなかった。

宮家　そうですね。イスラエルの壁もアメリカは黙認した。

佐藤　それにテロを防ぐという意味でも、壁を築く以上に実効的な方法はない。とくにイスラム原理主義組織ハマスが自爆テロをあれだけ組織的に行なっている以上、入り口を絞って良民しか入れないというかたちが最も安全でしょう。

宮家　ハマスはガザ地区からロケット弾を撃ち続けていますが、イスラエルはその大半を防空システムのアイアンドームで迎撃しているそうです。イスラエルの占領政策は、きわめて効果的になってきたということでしょう。

佐藤　ガザのハマスと、同じくパレスチナの軍事・政治組織であるファタハの関係はどうなっていますか？　統一しようという議論もありましたが、ハマスにメリットはないですよね。

宮家　たしかに、統一は口だけでしょう。ただし、最近のハマスは必ずしも以前のように勢いがあって支持されているわけではない。生活が苦しくなって、ファタハと組んでお金を流してもらわないと安定できないという危機感があるのかもしれません。

佐藤　シナイ半島にはもっと過激な「イスラム国（IS）」の拠点がありますが、そことハマスの関係も決してよくはないですね。

宮家　そのとおり。シナイ半島は旧約聖書のアブラハムの時代から反体制勢力が集まる地域でしたから。

佐藤　つまりハマスにとっては、かつてファタハとやり合っていたときと違い、もっと過激なライバルが現れたということですね。

宮家　昔のような単純な構図ではないということでしょう。だから、下手をすると埋没しかねない。それは住民の支持が得られなくなることを意味します。その窮地から脱するには、どこかで妥協して協調せざるをえません。

見方を変えれば、あまりいいたくはありませんが、イスラエルの〝占領技術〟がかなり進歩したということでもあります。一九六七年から五十年間も、パレスチナ自治区を生かさず殺さず、占領し続けているわけですから。

狙いはロシアゲートの「目くらまし」？

宮家　そこで話を戻しますが、アメリカ大使館のエルサレムへの移転をあらためて残念に思います。なぜあんなことをしたのか。おそらくトランプは、外交的な国益よりも国内政治的な利益を優先したのではないか。

佐藤　二〇一七年十一月には、ロシアゲートの関係でマイケル・フリン元大統領補佐官の訴追がありました。これもかなり大きなトラブルでしたが、大使館の移転発表でイスラエルに火をつけた途端、メディアの潮目は完全に変わりました。ロシアゲートどころではなくなったのです。

宮家　やはりロシアゲート批判に対する「目くらまし」なのかもしれません。トランプは衝動的に何をするかわからない人だから。でも大使館の移転については、衝動的ではないでしょう。選挙中からずっと温めてきたのだと思います。

佐藤　これでサウジアラビアとイスラエルの接近にブレーキがかかりますね。

宮家　どうですかね。トランプの娘婿で大統領上級顧問のジャレッド・クシュナーとサウジアラビアのムハンマド皇太子は、三十歳代同士でいろいろ話し込んでいるという噂も聞きます。真偽のほどはわかりませんが、クシュナーも当初は大使館の移転には反対していた。しかし、やがてサウジアラビアの反発は大きくならないと見極めた、と。それを聞いたトランプが移転を判断したともいわれています。もしかしたら、事前にイスラエルとも調整をかけていたのでは、という見方もあります。

佐藤　いまのトランプ政権は、そこまで戦略を組み立てたり調整したりできる体制でしょうか。

宮家　わかりません。たしかに我々の世代から見れば呆れた行為ですが、若い彼らは、彼らなりに狭い世界で「これなら行ける」と判断したのかもしれません。

佐藤　あくまでも限定合理的ではありますね。要するに、アメリカの内政と中間選挙、それから再選戦略を考えているのでしょう。

宮家　それで大きなインティファーダ（パレスチナ人によるイスラエルへの抵抗運動）が起きなければ。実際、いまのところは起きていません。トランプ政権がそこまで読み切っていたかどうかはわかりませんが。それよりも気になるのは、アメリカとサウジアラビアの関係です。

トルコ・ジャーナリスト殺害事件の深層

事件後の対応を誤ったサウジアラビア

宮家　中東ではもう一つ、世界中を騒がせた事件がありました。二〇一八年十月、トルコのイスタンブールにあるサウジアラビア総領事館で起きた、同国のジャーナリストのジャマル・カショギ氏の惨殺です。

そもそも殺害現場の音声データが存在すること自体、サウジアラビアにとっては大失態でしょう。大使館や総領事館なら、少なくとも盗聴器があるかないか、よく調べて外しておくのが常識ですよね。すべての大使館はそうしています。

ところがあのケースはすべて、録音されていたらしい。つまり、サウジアラビアは情報戦で負けたのです。

佐藤　普通はありえません。かつて私が勤務していたモスクワの日本大使館には、盗聴防止装置のついた特別会議室がありました。外交の世界では盗聴が当たり前なので、大使館や総領事館は外部から物理的・電子的に遮断された部屋を必ず用意している。ましてサウジアラビアは金持ち国家なので、イスタンブールの総領事館にもそういう部屋があったと考えるのが普通です。人を殺すのであれば、その部屋を使ったはず。盗聴されているかもしれない場所ではやらないでしょう。

宮家　そもそも「カショギ」氏は、反体制のジャーナリストではありません。彼のお祖父さんはトルコ系で、サウジアラビア人女性と結婚したあとでサウジアラビア初代国王の主治医となった人物です。つまり反体制派の人間ではなく、サウジアラビア王族に近いエスタブリッシュメントの一員だった。

ちなみに日本の報道では通常「カショギ」と呼ばれていますが、これも正確ではありません。アラビア語では「ヵハー・シュク・ジー」と発音します。どうでもよいことですが……。

それはともかく、彼は王族に近い身内で、いろいろ内情を知っているにもかかわらず、公然と皇太子に関する批判記事を書くようになった。それでサウジアラビアにはいられなくなり、ワシントンD.C.に逃げたわけです。その後、トルコ人女性と結婚しようとしましたが、彼は既婚者だったので、本国の離婚証明書をもらう必要があった。そこでワシントンD.C.の大使館に行ったら「イスタンブールの総領事館に行け」と指示されたとか、されないとか。

これが事実だとしたら、すべてが罠で計画的だったのかもしれない。しかし、それにしては、やり方があまりに杜撰《ずさん》ですね。


佐藤　盗聴器のチェックもせずに普通の部屋で犯行に及んだとすれば、サウジアラビアはそうとう〝間抜け〟ということになります。その可能性もゼロではないけれども、蓋然《がいぜん》性は低いと思う。常識的に考えれば、特別室を使ったはずです。

ならば、どうやって情報を録《と》ったのか。カショギ氏がつけていたアップルウォッチから録ったともいわれていますが、遮蔽のある部屋なら電波は飛びません。であればアップルウォッチに特殊な装置がつけられていたか、あるいはその部屋のなかに、遮断をかいくぐれるような、何か強力な装置が仕掛けられていた可能性もある。

そういう能力をトルコの秘密警察がもっているのか、私には判断できる材料がありません。アメリカのNSA（国家安全保障局）とCIA、それにイスラエルのモサドならばもっています。

つまりあの盗聴には、何らかのかたちでこれらの情報機関が関与していた可能性も排除できない。殺されることまで想定していたかどうかはわかりませんが、カショギ氏は拉致されそうだから、あらかじめ居場所がわかるような装置を装着させよう、とか。

宮家　サウジアラビアは事件後の対応もまずかった。最初は隠蔽しようとして、あとで少しずつ事実を認めていきました。これでは誰からも信用されません。同国の後継者と目されている実力者のムハンマド皇太子を守りたいという意図なのでしょうが、それなら最初から「これは誰々がやったこと」と真実を述べなければいけない。

それでポンペオ国務長官が急遽《きゅうきょ》、サウジアラビアに飛んで、皇太子と会談しましたね。皇太子は関与を全否定したそうですが、ポンペオとしては「将来の国王として、きちんと対処しなさい」とクギを刺したかったのでしょう。

佐藤　しかし、あの事件の情報はトルコからどんどん出てきましたね。これはとても不思議でした。もしかすると、黒幕はアメリカの情報機関かもしれません。

いまトランプとアメリカの情報機関は、ロシアゲートなども含めてたいへんな緊張関係にあります。トランプとサウジアラビアのあいだには、ビジネスの深い関係がある。サウジアラビアに武器を売り込んでアメリカ経済を活性化させるというのは、トランプの経済政策の根本です。だから、あの事件も極力、コトを荒立てたくなかった。

だから対立するアメリカの情報機関としては、逆にコトを荒立てるように、情報を流している可能性もある。それによってアメリカがサウジアラビアに圧力を加えざるをえなくなれば、トランプにとって明らかにマイナスですから。

宮家　ムハンマド皇太子とトランプの娘婿で大統領上級顧問のクシュナーの仲がよすぎるので、皇太子が「これくらいやってもアメリカは怒らないだろう」と高をくくったという批判報道もあります。ただし、アメリカのメディアはとにかくトランプを叩きたがるので、すべてを真に受けることはできませんが。

しかし問題は、繰り返しますが、今後のアメリカとサウジアラビアとトルコの関係です。トルコとしては、サウジアラビアを貶《おとし》めてアメリカとの関係を一気に改善するチャンスと捉えているのでしょう。トランプも頭が痛いところだと思います。

佐藤　それとイランの出方ですね。イランはイスラム教シーア派の国ですが、サウジアラビア内にもシーア派はけっこういます。そのあたりに働きかけて、王政を倒せという運動に発展させる可能性もある。それでもしサウジアラビアが倒れるようなことがあれば、国際社会は大混乱に陥ります。日本もエネルギー政策を抜本的に見直さねばならなくなる。

「石油の時代」の終焉と財政危機の足音

宮家　サウジアラビアの政権は王家が仕切っていますが、絶対王政ではありません。もともとアラビア半島には多数の部族がいました。そこで初代国王のアブドルアジズは、各部族から女性を娶《めと》ることで、一種の部族連合をつくろうとしたのです。その結果、母親の違う息子が何十人もできたのですが、その彼らがそれぞれの部族をまとめる役割を果たし、兄弟で王位を継承するかたちで今日へと至っているわけです。つまり、サウジアラビアの政治体制というのは、いわば部族連立政権です。

そのサウジアラビアにとって最大の問題は、石油以外に収入源がないことと、その一方で人口が増え続けていること。私が外務省に入った一九七〇年代末には六〇〇〇万人ほどでしたが、いまではそれが二四〇〇万人になった。

しかも、サウジアラビアの原油生産量は概ね一〇〇〇万～一〇〇〇万バレルのあいだで変わらず、値段も平均では一バレル当たりで二〇～三〇ドルから四〇～五〇ドルになった程度です。ということは、この四十年のあいだに一人当たりＧＤＰが三分の一ないし、四分の一になった、ということです。

ところが、そんな国でありながら王子さまが無数にいる。四十年前は約三〇〇〇人といわれていましたが、いまでは一万人以上もいます。その彼らがそれぞれクルーザーだ、ベンツだと散財していれば、財政が破綻することは目に見えています。

佐藤　サウジアラビアの国教はイスラム教スンナ派のなかのワッハーブ派。これは「コーラン」と「ハーディス」（ムハンマド言行録）しか認めず、イスラム教の開祖ムハンマド時代の原始イスラム教への回帰を唱える原理主義です。イスラム過激派やテロ活動を起こすほとんどの集団は、ワッハーブ派です。

ところがサウジアラビアの王族たちは、当たり前のようにウィスキーを飲んでいる。ロンドンに行けば聖職者がサウジアラビア人のための結婚斡旋所を経営している。こういう建前と実態の乖離が、かつてならウサマ・ビン・ラディンのようなテロリスト、昨今ならＩＳのような集団を生み出しているわけです。

宮家　また一般の国民も、もともと豊かな暮らしを享受できたため、あくせく働く必要がない。要するに、誰もが国家公務員というわけです。役所は何の生産もしていないので、ＧＤＰが伸びるはずはありませんよね。

しかも、近い将来に油価が高騰して「石油の時代」が終わるかもしれない。もしくは石油の値段が現状より高くならないかもしれない。だとすれば、サウジアラビアは石油以外で稼ぐしかないのですが、彼らがこれから額に汗して働き出すとは思えません。

佐藤　もともと「サウジアラビア」というのは、「王家であるサウド家のアラビア」という意味ですからね。三十年ほど前までは国家予算というものもなかった。国家予算と家計が一緒だったんです。そのサウド家が、国民生活のすべての面倒を見る。汚い仕事、キツい仕事はイエメン人やパキスタン人にやらせる。それで成り立ってきた国といってよいでしょう。

ムハンマド皇太子の改革は成功するか

宮家　その王家が変わりはじめたのが、二〇一五年一月にサルマンが第七代国王に就任してからです。サルマン国王は、就任から半年後に異母弟だった王位継承者ムクリン皇太子を解任し、初めて第三世代である甥《おい》のムハンマド・ビン・ナエフを皇太子に昇格させます。それまで王位は母親の違う兄弟間で継承して部族連立政権内のバランスを保ってきましたから、これは大変化です。さらに二〇一七年七月には彼も解任し、いよいよ直系の息子のムハンマド・ビン・サルマンを皇太子にします。もう昔の部族ルールだけで、王家を維持するのは無理だと判断したのでしょう。

まだ三十歳代前半の若さながら、第一副首相、国防大臣、経済開発評議会議長を兼任するムハンマド皇太子は、矢継ぎ早に改革を進めました。とくに注目を集めたのが、「反汚職委員会」を設立して親族二〇〇人を逮捕・拘束したこと。「宮廷の粛清」「政敵の排除」などが目的と報じられることが多かったのですが、これは正しくないと思います。

皇太子の目的は、権力集中による荒療治で、サウジアラビアを世界に開き、国内の政治・経済システムを改革し、原油代金で潤ってきた補助金漬け王国が近代的王政のもとで生き残ることでしょう。権力を集中して生き残りを賭けるという意味では、中国の習近平と手法が似ています。

その柱として打ち出したのが、経済改革計画「ビジョン２０３０」。「活気ある社会」「盛況な経済」「野心的国家」という三本柱を掲げ、石油依存型経済から脱却して、投資、観光、製造業、物流など経済多角化をめざすとしています。民間中小企業の役割拡大で雇用を創出して、国民生活水準を向上させる、女性の地位向上にも取り組むなど、かなり野心的な内容です。

佐藤　うまく行きますかね。下手をするとイランが入ってきますからね。

宮家　そのとおり。状況はムハンマド皇太子が考えるほど簡単ではないでしょう。利権を失った王族は激怒しているし、額に汗して働いた経験のない庶民は右往左往するばかり。このまま行ったらバラバラになってしまう。

　だいたいサウジアラビアの王族が偉そうにできるのは、メッカとマディーナ（メディナ）という二大聖地の守護者を自負しているからです。その特権を失えば、彼らはただの一部族にすぎません。その一方、中東で圧倒的な力を誇るのが、敵対するイラン。言い方は悪いですが、民度はサウジアラビアよりイランのほうがはるかに上だといって差し支えない。イランはイスラム教シーア派の国ですが、歴史的に見ても湾岸地域での影響力は圧倒的です。たとえば、バーレーンの人口の半分以上はシーア派です。サウジアラビアの東部油田地帯あるいはイラクの南側も、みなシーア派。いずれも昔、イランが支配した結果です。

　そもそもイランとアラビア半島とのあいだにあるアラビア湾を普通は「ペルシャ湾」と呼ぶのも、イランが強いからです。ペルシャというのは二十世紀初頭までのイランの古名であり、その主要民族・言語の名称ですからね。サウジアラビアが逆立ちしてもイランには勝てません。

そのイランが、ムハンマド皇太子の失脚やサウジアラビアの弱体化を虎視眈々《こしたんたん》と狙っている。サウジアラビアにとっては怖くて仕方ない。だから、何とか改革を成し遂げて対抗したい。いずれにせよ、その成否が中東だけではなく、欧米や日本の将来にも大きな影響があることは間違いありません。

もっとも、仮に両国が軍事的に衝突したとしても、お互いに虎の子の油田地帯を攻撃することは考えられません。両国が共倒れとなって、他の産油国が喜ぶだけだからです。

暴落したトルコ・リラ、そして金融危機へ？

宮家　それから、この事件のもう一方の当事者がトルコです。この国も、アメリカとのあいだに火種を抱えています。二〇一八年八月にトルコ・リラが大暴落しましたね。拘束されたアメリカ人牧師の返還を求め、トランプが経済制裁を課したことが直接の原因です。

それで面白いのが、トルコのエルドアン大統領の動きです。これまでトルコは世俗化し、西洋化し、曲がりなりにも民主主義を貫き、もちろんＮＡＴＯにも入っています。ところが、ＥＵには入れてもらえない。何度も申請していますが、断られ続けています。その反動として最後に登場したのがエルドアン。最初はうまくやっていましたが、だんだん態度も尊大になって、政策判断を間違えるようになった。それでトランプとの関係もおかしくなったわけです。

佐藤　エルドアンは本格的におかしくなりましたね。おそらく彼は、トランプもロシアのプーチンと同じように動くと勘違いしたのではないかと思います。

二〇一五年十一月、ロシア空軍機をトルコ軍が撃墜する事件がありました。あのとき、プーチンは激怒してトルコに制裁を加えた。しかしその後、二〇一六年七月にトルコでクーデター未遂事件が起きたとき、危なくなったエルドアンに真っ先に救いの手を差し伸べたのがプーチンでした。そんなかたちで関係を改善できた体験があるから、トランプにもそれができると希望的観測を抱いたのではないか。

もちろんプーチンも、ただの善意で救ったわけではありません。いかにトルコでロシアの影響力を拡大するかと考えた結果です。そんな冷徹な計算のうえでなされた行動だということが、エルドアンにはわからなかった可能性がある。

宮家　考えてみれば、ロシアとトルコは十七世紀末から何度も戦争しているんですよね。その意味では、お互いの呼吸がわかっている。しかしおっしゃるとおり、トランプについては読み間違っているのかもしれません。

ただ、トルコ側は先のクーデターに件《くだん》のアメリカ人牧師がかかわっていたと主張しましたが、その真偽はわかりませんね。

佐藤　それから、トルコ側はアメリカ在住のイスラム教指導者フェトフッラー・ギュレン師こそクーデターの首謀者ともいっています。二人が実際にどの程度関与したのかは、誰にもわからない。

宮家　アメリカ人牧師については、たんなるシンボリックな存在だったように思います。しかし、彼はトランプ支持層であるエヴァンジェリカル（キリスト教福音主義派）だから、トランプとしては取り返さないわけにはいかない。むしろトランプの場合、こういう喧嘩相手がいるほうが好都合でしょう。喧嘩しているかぎりにおいて、ロシアゲートは霞むのですから。

一方、エルドアンは何に抵抗しているのか。もちろんいろいろありますが、その一つは利上げです。従来もトルコ・リラの金利は高かったのですが、それでも売られて下落している以上、さらに金利を上げるのが常道。ところがエルドアンは、利上げにずっと反対していた。なぜならムスリムだから。彼らにとって金利は「悪」です。ましてその金利を上げるなど、とんでもない話だった。
だから、真っ当に金利を上げられず、リラの暴落が続いたわけです。これは意外と無視できない要素だと思いますね。
佐藤　なるほど。エルドアン自身はイスラミズムを背景にしているから、完全な世俗主義には行けない。しかしリラが暴落すると、トルコは輸出をしやすくなりますね。
宮家　輸出はそうです。しかし、ＥＵとの関係は難しくなります。トルコに最もカネを貸しているのは、ヨーロッパの銀行です。それも、おそらくユーロ建てで貸しているので、リラが暴落するほど返済が滞る可能性が高くなる。
佐藤　それで結局、デフォルト（債務不履行）に至ることもありえる、と。
宮家　そう。そうすると、ヨーロッパの銀行を巻き込んで金融危機ということにもなりかねない。同時に、リラ暴落の連鎖反応で、軒並み新興国通貨が売られました。
佐藤　面白いですね。シリア危機以降、地域大国としての存在感を急速に増したトルコが、トランプとのちょっとした諍《いさか》いから窮地に陥っている。
宮家　そうなんです。おそらくエルドアンはそうとう性格の強い人なので、そう簡単には妥協できないでしょう。しかも彼はポピュリストであり、同時にイスラム主義者の衣をまとったトルコ・ナショナリストでもあります。

佐藤　国民も、経済的には悪くなっても、他方でアメリカにいじめられていることを知っているから、「がんばれエルドアン」ということになる。また隣で様子を見ているイランも、「おれたちの気持ちがよくわかるだろ」という感じになりますよね。

宮家　そうしたエルドアンの態度や、政治的判断によって経済的な判断を誤るというパターンも、じつは中国の習近平と似ていると思う。つまり、中国の行く末を占うという意味でも、トルコの動向は気になります。

イランに頼りつつも恐れるカタール

佐藤　そしてもう一国、中東でいえばカタールも外交危機で注目を集めています。サウジアラビア、バーレーン、UAE、エジプトから国交を断絶され、いまでは食糧の輸入などもイランに頼っている状態です。両国の関係はどうなりますか？

宮家　カタールというのは面白い国で、もともと一九七一年にイギリスが撤退してUAEが誕生したとき、そこに加わるはずだった。ところがカタールの首長はプライドが高く、「あんなレベルの低い連中とは一緒になりたくない」といって断ったのです。

そうしたらその直後、国内から石油と天然ガスが相次いで出た。おかげで世界屈指の富裕国になったわけです。といっても、半分は隣国イランの資源を吸い取っているだけとの指摘もある。だから、イランと仲良くすることが至上命題なのです。言い換えるなら、やはりイランが怖くて仕方がない。小さな半島国家なので、もしイランと軍事衝突でもあれば、一発でつぶされますから。

佐藤　カタール人は中東で好かれていませんからね。金持ちでプライドが高くて働かない、と。

宮家　そうですね。誰が言い出したかは忘れましたが、アラビア半島には一種の格付けがあって、最も格上の部族はメッカとマディーナを取る。聖地だから当たり前です。そこに行けない連中はクウェートに行く。その下がバーレーン、そこにも行けない連中がカタールに行く。以下、アブダビとかドバイ、そしてオマーンという序列になっているそうです。つまりカタールにとって、アブダビやドバイは格下、というわけです。

しかし偉そうで、サウジアラビアに対しては敵愾心《てきがいしん》があり、UAEに対しても強烈なライバル意識をもっている。あまりよく思われていないのも当然かもしれません。

佐藤　私がモスクワの日本大使館にいたときも、カタール大使館の外交官はほとんど仕事をしていなかった。一度、「チェチェン情勢などについて意見交換したい」と呼ばれたことがありますが、指定してきた場所がモスクワ市内の売春宿を兼ねたカジノレストランでしたから。ちょっと変わった人たちでした。

なぜヨーロッパは「脱石油」を急ぐのか

ヨーロッパの真の狙いは「アメリカ離れ」？

佐藤　ところでヨーロッパはいま、エネルギー政策の大転換を図っている最中です。それを象徴するのが自動車。二〇一七年七月、フランスとイギリスが相次いで二〇四〇年までにガソリン車とディーゼル車の販売を禁止すると発表しました。他のヨーロッパ各国も、同じような方針を打ち出しています。

これを受けて、同年九月には仏ルノー会長（当時は兼日産自動車会長・三菱自動車工業会長）のカルロス・ゴーンが記者会見で、二〇二二年までに、世界販売台数一四〇〇万台のうち、三割をＥＶ（電気自動車）やハイブリッド車（ＨＶ）、プラグインハイブリッド車（ＰＨＶ）にする計画を発表しました。ＥＶを大幅に増やしていくわけです。

宮家　フランス、イギリスの大胆な発表には驚きました。現時点でもEVの売り上げは急速に増えています。とはいえ、まだ販売台数は世界全体で年間四〇万台程度。価格、充電インフラ、耐久性、航続距離などの技術的課題も十分にクリアしているとはいえません。

現在ではブームのようになっていますが、揺り戻しもあるでしょう。しかし将来的にはEVに巨額の投資がなされて、世界全体に大きな変化が生じる可能性があります。

佐藤　実際、三菱自動車は家庭用コンセントにつないで充電できるシステムをいちはやく発表しましたね。どうしてこんなにEVの開発に躍起になるのか。これについて、たとえば「燃料をできるだけ安く、安定的に確保する」とか「化石燃料からのシフトを進めて、環境負荷を減らす」といった従来のエネルギー戦略の範疇《はんちゅう》で捉えていたら、彼らの狙いを見誤る気がします。ヨーロッパは、もっと高いレベルの国家戦略に基づいて、政策を実行に移そうとしているのではないか。

それは何かといえば、エネルギーの中東とロシアからの脱依存です。それをガソリン車とディーゼル車という内燃機関（エンジン）を終わらせることで実現しようというのが、彼らの描くシナリオだと思いますね。すでに鉄道の内燃機関は少なくなっているので、決して夢物語ではありません。実現すれば、石油の利用は航空燃料と兵器の動力源、プラスチックなど化学製品の原材料以外、基本的になくせるのです。

中東から石油を買うと、対価として支払ったカネが、テロの原資に流れたりもする。それにロシアもうっとうしい。けれども、そのエネルギー資源に大きく依存する必要がなくなれば、縁切りできるわけです。

宮家 中東でテロが起きるのはなぜか。それはおっしゃるとおり、潤沢な石油が生む「オイルマネー」の一部が、さまざまなルートでテロ組織に流れているからです。あるいはヨーロッパがロシアのいうことを聞かざるをえないのはなぜか。ロシアの石油と天然ガスに依存しているからです。ロシアへの依存度が下がれば、この関係性は大きく変わります。

佐藤 そうです。石油の需要が大きく減れば、石油の値段も大きく下がる。それによって中東とロシアへの依存を減らすことができます。

そしてもう一つ、じつはヨーロッパには密かな戦略があると思う。それが「エネルギーを武器にしたアメリカ離れ」です。アメリカはシェールオイルが採れますが、内燃機関を廃止すればやはり需要は激減します。それだけヨーロッパのアメリカ依存も下がることでしょう。もしかしたら、これこそがヨーロッパの戦略の本命かもしれません。

つまりEVへの転換というのは、自動車業界だけの話ではない。もっと国家レベルの大転換につながるものなのです。

「ガソリン車禁止」宣言を出せないドイツ

宮家　そういう流れのなかで、面白いのが自動車大国ドイツの動きです。ドイツ連邦参議院は超党派で「二〇三〇年以降、自家用のガソリン車とディーゼル車の新規登録を中止する」という方針を表明しています。

それに呼応するように、二〇一七年九月、二年に一度開催されるヨーロッパ最大規模の自動車展示会「フランクフルト国際自動車ショー」で、ドイツ大手自動車メーカーが相次いで発表したＥＶシフトの加速が話題になりました。

たとえばフォルクスワーゲングループは、遅くとも二〇三〇年までに、同社のラインアップ約三〇〇車種すべてにＥＶタイプを投入する。またダイムラーも、二〇二二年までに「メルセデス・ベンツ」すべてのラインアップにＥＶモデルを投入するらしい。そしてＢＭＷは、二〇二五年までにＥＶを一二車種、ＰＨＶ車を一三車種投入すると発表しました。

ところがドイツ政府そのものは、フランスやイギリスと違って「何年までにガソリン車等を禁止する」といった宣言を、少なくとも公式には出していません。じつは出していないのではなく、出せないのです。理由は二つあります。

第一の理由は雇用です。各国の総付加価値創出量に対する自動車業界の比率を見ると、主要国のなかではドイツがいちばん高くて約二一%、日本が二番目で約一六%。ちなみにアメリカとイギリスは一四%で、フランスは一二%です。

これは簡単にいえば、全産業に占める自動車産業の重要度を示しています。よくいわれるように、ガソリン車やディーゼル車の部品は約三万点、一方でEVの場合はその約半分です。つまりEVへのシフトが進むほど、部品やその他関連産業の仕事は減る。試算によれば、それによってドイツ国内では、一〇〇万人近い雇用が失われるともいわれています。

第二の理由は電力供給の問題です。ドイツは総発電量の約六割が火力発電ですが、その大半は石炭火力。また、現在二割弱ある原子力発電は、二〇二二年までに全廃されることが決まっています。太陽光発電で大失敗したドイツでは、二〇二二年以降、八割以上が火力発電となり、その大半が石炭火力となるわけです。

そこにEVが相当数普及すれば、その電力を賄うために石炭を燃やすという、大きなパラドックスに直面します。つまり、EVの拡販と電力政策は表裏一体で考えなければならないのです。

クルマのCO_2の排出量については、“Well-to-Wheel（油田から車輪まで）”という考え方があります。油田で原油を汲み上げ、ガソリンを精製し、動力源として使われるまでのすべての過程で排出されるCO_2を計算に入れようというわけです。対照的なのが“Tank-to-Wheel（燃料タンクから車輪まで）”。クルマ一台が排出するCO_2だけ計算すればよいという考え方ですが、これが時代後れなことは明らかでしょう。

ところがドイツ政府は、この点について確たる電力政策がありません。だから「何年までにＥＶを」と言い出せない。これは、日本政府にもいえることですが。

佐藤　その点、対応が早いのが中国で、ＥＶの開発を急いでいます。たんに石油依存からの脱却を図るためだけではなく、脱中東・脱ロシア・脱アメリカという大局的な変化を感じ取っているからでしょう。そうすると、各国メーカーも、中国マーケットを睨《にら》んで、ますますＥＶへの転換を加速させるはずです。

ただし、世界中で一気にＥＶが普及するとは思えません。その進展には、地域格差が出てくる。少なくともアメリカでは、当面はガソリン車がガンガン走り回る状況が続きます。足元に潤沢な石油がありますから。結局、南北アメリカ大陸とアフリカ、中東はガソリン車、それ以外の地域はEVという図式に一新されるのではないでしょうか。

宮家　たしかに中国のEV重視は大きいですね。ドイツや日本のEV市場は微々たるもので、むしろ頭打ち、または縮小傾向にあります。でも潜在的には中国の市場が大きいから、ドイツ勢をはじめ各国の自動車メーカーが、EVにシフトしている。

じつはアメリカも、EV市場が少しずつ拡大しています。もともと自動車市場が大きいですから、この変化は重要です。フォルクスワーゲンにとって最大の市場は中国ですが、アウディやメルセデス・ベンツ、BMWやポルシェにとって、最大の収益頭はアメリカです。世界最大の自動車市場は中国で、第二の規模をもつのがアメリカ。しかも両国とも、自動車需要はまだまだ伸びる。そこでEVが普及するなら、世界中のメーカーが開発に力を入れるのは当然でしょう。

大転換を迫られる日本の自動車産業

佐藤　世界のEVシフトは、日本の自動車産業にとっても大問題だと思います。先ほどガソリン車の部品は三万点というお話がありましたが、日本メーカーが得意とするハイブリッド車の場合は八万点にのぼります。そのかなりの部分は、中小企業の匠《たくみ》の技が生み出している。それがＥＶに置き換わると、機械で簡単につくれるようになります。つまり家電メーカーでもつくれるわけで、匠の技がいっさい不要になるわけです。これは日本の産業構造にとって、抜本的な転換を迫られる話でしょう。

この点については、政府の国家戦略局あたりが対策を考えなければならない。日本経済を防衛するために、政府が適切な関与を行なう必要があると思いますね。

宮家　その点は私も完全に同感です。

佐藤　さらにＡＩを用いた自動運転の開発も各社が進めていますが、これはエンジンよりモーターとのほうが相性がよい。電気制御しやすいですから。おそらく二十年後くらいには、人間はクルマを運転させてもらえなくなるでしょう。人間より自動運転のほうが、はるかに事故が少なくなるからです。こうした観点から考えても、ＥＶへの転換は構造的に不可避だと思います。

ところが日本政府は、こういう深刻な事態に直面した産業を守ろうという発想がない。とくに私が強いショックを受けたのは、東芝が巨額損失問題で危機に瀕《ひん》したとき、政府が傍観者でしかなかったことです。東芝の半導体は国家そのものといってよいほど重要な事業だと思いますが、それを本気で守ろうとはしなかった。

ほんの数千億円を貸しつければ、アメリカの投資ファンドなどに主導権を握られることはなかったのです。バブル崩壊後、金融機関に一〇兆円以上もの公的資金を投入したことを考えれば、決して大きな額ではない。どうしてこんなに対応が冷たいのかと、大きな違和感をもちました。

日本のエネルギー政策を再構築せよ

「エネルギーミックス」のベストは何か

宮家　エネルギー問題は、日本にとって掛け値なしの生命線です。この国は生活や経済活動に必要なエネルギー源のほとんどについて、海外からの輸入に頼っている。食料自給率がカロリーベースで約三八％と低いことがよく取り沙汰されますが、エネルギー自給率はさらに低くて約八％しかありません。

しかしここまで見てきたとおり、エネルギーをめぐる国際情勢は大きく変化しています。日本のエネルギー資源の調達や電力供給にも、かなりの影響が及ぶ可能性があります。いかにエネルギーの安定確保、電力の安定供給を実現するかを、重要な国家戦略と位置づける必要がある。

その基本方針は、「エネルギーミックス」でしょう。つまり、特定の発電方法に依存するのではなく、多様な電源をバランスよく組み合わせる。必ずしも万人が支持する政策ではありませんが、これは資源小国の日本にとって必須の課題です。

二〇一七年時点の日本の発電方法の割合は、火力発電が約八割を占めています。その燃料となる天然ガス、石炭、石油は、いずれも海外に依存せざるをえません。その一方、「準国産」と位置づけられる原子力発電は、東日本大震災以降に軒並み停止しているため、わずか三％。とてもバランスがよいとはいえない状況です。

佐藤　化石燃料を使う火力発電の比率が八割を超える現状は、エネルギー安全保障上、きわめてリスクが高い。たしかに中東情勢は不安定だし、さらにＩＳの勢力が中東からインドネシアやマレーシアにまで展開する恐れもある。

もしそうなれば、エネルギー資源を日本に運ぶ重要な海上交通路であるシーレーンが危うくなります。

つまり、原油価格はいつ有事で高騰してもおかしくない。それは電気料金の高騰に直結しますから、日本経済には致命的な打撃となるでしょう。

だからおっしゃるとおり、原子力や再生可能エネルギーを組み合わせたエネルギーミックスを実現する必要があります。

宮家　ただ私は、再生可能エネルギーというものをあまり信用していません。自国内でエネルギー源を確保できるという点で脚光を浴びていますが、コストや安定性の面でまだ課題があります。

たとえば太陽光発電にしても、当然ながら、雨天、曇天、夜間、無風時などには発電量が下がります。そのぶん、電力供給量が激減して電力システムがダウンする恐れもある。これを避けるには、その発電量と同量の余剰発電能力を確保しておく必要があり、つまり発電所は、追加的発電設備を常時使用可能な状態で維持しておかなければならないのです。地球に優しい再生可能エネルギーは、発電所には優しくない。

佐藤　それに太陽光パネルには、カドミウムが山ほど使われていますからね。それからシリコンも。その原料のケイ素が人体にどういう影響を与えるか、まだわかっていません。耐用年月を過ぎた太陽光パネルが廃棄されたあと、いったいどういう環境問題を引き起こすか、いまは白紙の状態です。

宮家　再生可能エネルギーがほんとうに実用的なら、とうの昔に離陸しているはずです。ところが、補助金なしでは立ちゆかない。

一方で日本は海外から大量の化石燃料を買い続けている。要するに、再生可能エネルギーは「経済的にペイしない」ということです。

環境先進国と思われがちなドイツにしても、政府が再生可能エネルギーの全量を固定価格で買い取るという制度があるから成り立っているだけでしょう。それが電力需要量の八五％を供給したと報じられましたが、風と日照に恵まれたある一日のうちの二時間だけの話です。それを過大評価してはいけない。一方で電気料金は高止まりしていますから。

佐藤　たしかにドイツは脱原発を掲げています。それからCO_2の排出にも敏感です。しかし、フランスから原発でつくった電力を買っている。それに東欧にも原発をどんどんつくらせて、そこから電力を吸い上げているわけです。

じつはこの構図は、ナチス・ドイツ第三帝国と共通していて、いずれも東方への拡大をベクトルとしてもっている。ドイツが脱原発を進めることで、チェコやポーランドが原発を増設する。東欧に負担を強いるのは、当時も、いまも同じです。

もっとも、日本も偉そうなことはいえません。東京都に原発はないのに、なぜ新潟県と福島県にあるのか。東京都をドイツと見立てれば、新潟と福島がチェコとポーランドの役割を果たしているわけです。

石油・天然ガスの輸入が途絶える可能性

佐藤　いずれにせよ、世界の趨勢《すうせい》で電力需要は非常に増えている。化石燃料への依存を減らさなくてはいけないという与件は今後も変わりませんが、当面はどこかから買い続けなければいけない。

宮家　私はいつもいいますが、エネルギーの議論になると、なぜか中東で何も起きないことが前提になりがちです。これはとても危険。中東で何かあれば、石油の輸出は一発で止まります。幸い、エネルギーに占める原油の割合は減少傾向にあるので、必ずしも中東依存ではありませんが。

佐藤　天然ガスもかなり止まりますね。

宮家　止まります。天然ガスは輸入先を多角化していますが、カタールやイランのぶんは止まるでしょう。

以前、私の所属するキヤノングローバル戦略研究所で、日本の電力に関する政策シミュレーションを実施したことがあります。電力需要が高まる真夏、中東でテロが発生して天然ガスの輸出が途絶えた場合、日本にどんな影響が及ぶかを仮想空間で検証したのです。

その結果、中東からの天然ガスに依存する電力会社ほど、計画停電を余儀なくされることがわかりました。日本の原油の備蓄は数カ月分ありますが、天然ガスは二十日分しかない。他の電力会社からの融通にも限度があります。輸入が難しくなれば、たちまち悪影響が出る。とくに大都市圏での計画停電は、東日本大震災後に経験したとおり、生活・産業に大混乱を引き起こすでしょう。

それに日本は島国なので、ヨーロッパ各国のように隣国から電力を融通してもらうわけにも行きません。そういう地政学的要因が、日本の電力の脆弱《ぜいじゃく》性を高めているのです。では、他の地域から天然ガスの輸入を増やせばよいかというと、それも厳しい。

佐藤 たとえばロシアには天然ガスがあります。サハリンやシベリアには未開発の油田もある。しかし米ロ関係が不安定ななかで、過剰に依存するのは危険です。米ロ関係がもっとおかしくなったとき、リンケージされてあっさり止められてしまう恐れがある。あるいはロシアとの関係を深めると、日米関係に悪影響が及ぶこともある。

宮家 いまのヨーロッパがまさにそれです。天然ガスをロシアに頼っているから、あまり強いことがいえない。「脱ロ」をめざしてはいますが、現実は甘くない。日本もそうなってよいのかという話です。代替するならシェールガスのほうがよい。それをうまく入れられるならば。

佐藤　しかし、シェールガスはほんとうに安定的に生産できますか？

宮家　まだわかりませんが、コストが下がっていることは事実です。いま天然ガスはカタールからかなり高値で買っていますが、将来的にはアメリカから買うというオプションもある。

佐藤　それから石炭火力については、二〇一五年十二月に採択されたパリ協定の判定によって廃止の方向ですね。

宮家　ただ、日本の石炭火力の技術はずいぶん進歩しています。昔のようにCO_2を丸出しにしているわけではない。

たとえば以前、瀬戸内海の大崎上島《おおさきかみじま》にある石炭火力発電の実証試験発電所を訪れたことがあります。そこで行なわれていたのは石炭ガス化複合発電と呼ばれるもので、石炭から可燃性ガスをつくってガスタービンを回し、その熱を利用して蒸気タービンを回し、さらに石炭ガスから水素ガスを分離して燃料電池の燃料にするらしい。

これが実用化すれば、発電効率は五五％以上改善し、CO_2排出量も三〇％削減できるそうです。石炭なら世界各地から輸入できるので脱石油化が進むし、中東依存も減らせるでしょう。将来的には、この技術をもとにしたインフラ輸出の可能性も出てきます。もちろん問題もあるでしょうが、日本のエネルギー戦略の一つとして、こういう道も存在する、ということです。

和製エネルギーメジャーの創設をめざせ

佐藤　いずれにせよ、火力と再生可能エネルギーだけでは足りない。それにあまり火力に依存すると、CO_2の問題が顕在化する。そうすると、やはりある程度は原発に依存せざるをえません。

宮家　そうですね。全エネルギーのせめて二割程度は、原発で確保したいところです。ただ日本の原子力には、科学的な要素と心情的な要素があります。たしかに福島第一原発事故を経験して、再稼働させたくないという心情も十分に理解できますが、国家の安全保障の観点から考えれば、原子力を否定することはできません。より科学的・現実的な政策判断が求められると思います。

最近の原発技術は急速に進歩しており、そのなかからより安全な技術を採用し、レベルの高い原発をつくるのが理想の姿ですが、簡単にはできないでしょう。最初から原発を否定するのではなく、どんな技術を採用した原発なら使っていけるかという、選択の問題として考えていくべきだと思います。

佐藤　日本原燃という会社があります。プルトニウムの抽出とウラン濃縮を請け負っているのですが、これは自前の技術です。

ところが、同社は特許を一つももっていない。仮に論文のようなかたちで確たる技術を発表したら、諸外国が真似をして開発する危険性がある。つまり、核拡散につながるからです。だから同社の学者・技術者は研究発表をいっさいしないし、学会にも参加しない。たしか会社の上層部から特別な許可を得ないと、海外にも行けないルールだったと思います。拉致されて核開発を強制される恐れがあるからです。

日本原燃というのは、それくらいの技術力をもっている会社なのです。私は絶対につぶしてはいけないと思います。

宮家　そのとおりです。日本の技術力を過小評価してはならない。

佐藤　ついでにいうと、同社は再処理工場を青森県の六ヶ所村に建設中ですね。これは、米軍三沢基地を人質にする意図もあったと思う。もし六ヶ所村が攻撃されれば、高濃度の放射性物質が流出して三沢基地にも被害が及びます。だから米軍は日本のためではなく、基地のために六ヶ所村を守るはず。こういう計算もあったのではないか。

宮家　なるほどね。もし私がエネルギーの危機管理担当だったら、あらゆるエネルギー源を確保し、いつでも代替可能な体制をとりますね。つまり原子力、ＬＮＧ（液化天然ガス）、石炭、石油、それに再生可能エネルギーを組み合わせたベストミックスをめざす。これが最適解だと思うのですが、なかなか……。

最もよくないのは、なし崩し的に原発を再稼働させることでしょう。先ほどのシミュレーションの話の続きですが、いざ計画停電となって産業や生活に影響が及べば、とにもかくにも、止まっている原発を動かそうという話になりかねません。

世間一般にある反原発論はロジックというより哲学・信仰に近いので、電力不足による実害が顕在化すれば力を失うでしょう。では彼らを無視してよいかというと、そんなことはない。むしろ哲学・信仰に近いからこそ、十分な議論が必要だと思います。

再稼働するにせよ、それに反対するにせよ、重要なのはこの問題に国民自身が真剣に向き合うことです。そして最終的には、政治決断が求められます。このプロセスを端折《はしょ》ってはいけない。

佐藤　エネルギー政策全体を考えるのは、あくまでも政府の仕事です。ただし国民に政府のいうとおりにしろというだけでは、民主主義社会ではない。だからみなできちんと話し合い、コンセンサスを得て、それを守るという政治プロセスを経る必要があります。

しばしば個別の原発について、裁判で再稼働の是非が争われますが、それは政治の責任放棄だし、市民にとっても権利の放棄でしょう。再稼働はあくまでも対話、コンセンサスをめざすべきだと思います。

宮家　そう。そこで重要なのは、経済学と地政学を混同しないこと。先に見たとおり、中東情勢は混沌としています。しかしそれは、グローバルな地殻変動のほんの一部かもしれません。今後、国際エネルギー供給は大変動を起こしかねない情勢です。

そうしたなかで、地政学的発想の乏しいエネルギー産業やエコノミストだけで対処するのは不可能でしょう。かといって、エネルギーの市場や技術を知らない学者や軍事専門家だけで対処するのも難しい。双方が知見を出し合い、最善策を議論する必要があります。また、そういう議論をリードして政策立案できるような、経済にも安全保障にも精通した人材の育成も急務です。

そしてもう一つ、日本はいまからでも和製エネルギーメジャーの創設をめざすべきだと思います。国家戦略としてエネルギーを捉えるうえで、これは欠かせません。実際、海外のエネルギー企業はたいてい国策会社か、または欧米石油メジャーのような巨大資本であるわけですから。

第5章

ＡＩが世界の「常識」を覆す

入り混じる悲観論と楽観論

ホワイトカラー大量失業は避けられない

宮家　いま、ＡＩが一九五〇年代、八〇年代に続いて三度目のブームを迎えているといわれています。第三次ブームの原動力は、画像認識、深層学習（ディープラーニング）、ビッグデータ処理能力などの飛躍的な高速化です。

このＡＩという新しいテクノロジーは産業界だけでなく、社会の仕組みを変え、世界の新秩序構築にまでつながる革命的なものか。あるいは実用性に乏しかった過去二度のブームと同じで、比較的短期間のうちに終焉《しゅうえん》するテクノロジーか。はたまた、革命的であるがゆえに、副作用も大きいのか。

産業界の動きは活発ですね。昨今のアメリカのベンチャー企業は、次々にシリコンバレーからワシントン州に本社を移転しているそうです。ワシントン州では、ＡＩを活用したアイデアに対する積極的な投資が始まっていて、まさにＡＩによる新しいビジネスが生み出されようとしている。

そのビジネス領域は、これまでマンパワーで回っていた小売りや医療といった、いわゆるサービス業にとどまらず、ホワイトカラーの業務にも及んでいます。このままＡＩ革命による省力化や自動化が進めば、人間の労働者が少数で事足りる世の中に変わっていくのではないか。

佐藤　先日、ある大手商社の社長とお会いしたとき、業務のＡＩ化で今後十年のスパンで見ると、本社の総合職七〇〇〇人が余剰人員になる可能性が高いという話を伺いました。五〇〇〇人のうちの七〇〇〇人なので一四％。かなりの割合ですね。

もっとも、ラインの仕事からは外れても、人手が必要な仕事はあるらしい。だから彼らをどう処遇するかで悩んでいました。すでに感度の高い経営者は、そういう問題意識をもっている。

宮家　近い将来、日本でもホワイトカラーの大規模リストラが現実味を帯びるでしょう。経済誌は「三メガバンクが三万人超の削減を打ち出し、『ＡＩ格差』時代に突入した」などと書いていますが、現実味のない話でもない。

佐藤　ＡＩと競合する分野では、人間の仕事の多くがＡＩに代替されるようになっていくでしょうね。英オックスフォード大学の研究チームが二〇一三年に、「ＡＩ化によって一〇～二〇年後になくなる仕事」という有名な論文を発表しています。そのなかには、時計組立工、スポーツ審判員などのように職人芸が求められてきたものもありますが、多くは大卒者が就く事務職です。ＡＩ化で代替される労働人口を上回る新たな雇用を生み出さないかぎり、ホワイトカラー大量失業時代の到来は避けられそうにありません。

ＡＩが助長する「ダークサイドの覚醒」

宮家　もちろん楽観論もあります。先端技術の普及で生産性が上がり、産業革命による機械の普及で失業を恐れたイギリスの労働者が起こした機械破壊運動であるラッダイト運動でも、その後、労働者の生活水準が飛躍的に向上した。新たな産業が技術革新によって生まれ、新規の雇用機会が失業者を吸収するので、先端技術革命は労働者の敵ではない、などという主張です。

佐藤　もっと強烈な楽観論もありますよ。二〇一七年十二月にスーパーコンピュータ開発者の齊藤元章氏が、助成金詐欺容疑で逮捕・起訴されました。彼は逮捕される一カ月前に、経済学者の井上智洋氏との共著『人工知能は資本主義を終焉させるか』（ＰＨＰ新書）を上梓していますが、そのなかで、人間性が強く発揮されるクリエイティビティ、マネジメント、ホスピタリティについても、ＡＩが人間の能力に匹敵するようになるのは案外早く、現実がＳＦを超える日は近いのではないか、などと述べています。

悲観論の余地はまったくなく、とても単純な機械観です。十八世紀フランスの機械的唯物論者ド・ラ・メトリが『人間機械論』（岩波文庫）を書いていますが、その発想に近い。つまり、機械の発達によって人間は労働せずに生きていける世界になる、という単純なリニアモデルの機械観で、すべてＡＩに任せれば、世の中は回っていく。

とはいえ、私は、ニコラデザイン・アンド・テクノロジー社長の水野操さんの著書『ＡＩ時代を生き残る仕事の新ルール』（青春出版社）にある、「現在使用されている、あるいは近い将来開発されるであろうシステムは弱いＡＩで、特定の限られた機能については圧倒的に強力な力を持つが、人間が普段やっている仕事を総合的にこなすことはできないというのが筆者の現時点での結論だ」という見解に説得力を感じます。

宮家　やはり楽観論は、先端技術をもつ勝者・強者のマクロ経済的論理で、敗者・弱者・個人のミクロ経済的視点が欠けています。仮に大量失業時代となれば、職種転換しにくい中高年・中堅以上の労働者が、失業後に新たな仕事に就くのは困難です。彼らの不満と怒りを過小評価してはならない。

冷戦後のグローバル化とIT化の進展では、製造業に従事する単純労働者が犠牲となり、社会の格差が拡大しました。とくにアメリカは、グローバル化とIT化中心の経済にシフトし、製造業の国であることをやめました。その結果、IT企業が集積するカリフォルニア、産学連携の学を担うボストン、政治エリートが押し寄せるワシントンD.C.の若い連中がよい思いをする一方、五大湖周辺の製造業で額に汗して働いてきた人たちはイノベーションに失敗し、市場から撤退した。それでも、人生からは撤退できません。そうした彼らの多くがじつは白人の労働者層であり、〝トランプ現象〟を呼び起こした張本人でした。

一九六〇年代の公民権運動を経て、民主党内のリベラル勢力がマイノリティだったアフリカ系、アジア系、ヒスパニック系に焦点を当て、その地位向上を強力に支援しました。ところが白人の労働者層については、勉強して大学に行かなかった彼らが悪い、自己責任だとして、救いの手を差し伸べようとはしなかった。政治エリートから忘れ去られた存在だったわけです。

佐藤　大統領選挙中のトランプが好んで使ったのは「私は低学歴の人が好きだ」というレトリックでした。白人のリベラルに響くレトリックを使うことで集票を極大化できる、と考えたわけです。ＡＩに通じる工学的な選挙戦略でしょう。

宮家　彼らは差別的、排外主義で、不健全かつ、ときに暴力的な大衆迎合型ナショナリズムに救いを求め、〝トランプ現象〟やヨーロッパにおける反ＥＵ・反移民勢力台頭の担い手となりました。私はこうした現象を「ダークサイドの覚醒」と呼んでいます。世界的に大衆迎合型の民族主義が、これからますます拡大するのではないか。

ＡＩ化におけるリストラの対象は、さらなる省力化、自動化が進む製造業だけではありません。メガバンクの行員をはじめ、サービス業のルーティンワークもＡＩで代替できるようになりつつある一方、各業界で従業員に求められるＡＩで代替不能なスキルのレベルは、いっそう高まります。

「ダークサイド」とはミクロレベルの現象の集合体で、中堅以上のホワイトカラーの不満と怒りが、その「ダークサイド」をより過激化、先鋭化させる恐れがあります。そしてＡＩ大量失業のマクロ的解決には、十年程度かかる。その間、政治的環境に大きな負の影響を及ぼさないともかぎりません。

そして、悲観論的な私が想定するAI化後の結末は二つ。第一は「ダークサイド」の拡大と過激化であり、第二はネオ社会主義台頭の可能性です。

佐藤　いずれの可能性も考えられます。職をAIに奪われたくないし、AIにはできないことをしたいといって、現代のラッダイト運動を起こすか、あるいは科学の進歩に背を向けて「自然に帰れ」を実践するか。一部にそういう人が出てきてもおかしくない。

いずれにせよAI化との折り合いのつけ方は、文化類型によって違ってくると思います。アメリカにはアメリカの、中国には中国の、日本には日本の折り合いのつけ方がある。あるいは個人の思想にもよる、といってもよいかもしれません。

ＡＩはほんとうに人間を超えるのか

ＡＩの暴走を止めるのは誰か

宮家　ＡＩが画期的であり、また人間にとって脅威なのは、自己学習能力があることでしょう。たとえばいま、ＡＩによって電子翻訳の精度が一気に上がっています。どこで上がっているかというと、やはりデータ数の多い場所、つまり英語圏と中国とインドです。日本語はたかが人口一億二五〇〇万人なので、サンプル数が少ない。

佐藤　文法的に語系統が近い韓国語との電子翻訳は、非常に正確になってきています。機械マニュアルのようなものであれば、ほとんど「グーグル翻訳」でできてしまう。

宮家　朝鮮半島全体でもせいぜい七〇〇〇万〜八〇〇〇万人なので、日本と合わせても二億人程度。世界で見れば少ないですね。それはともかく、英語圏などで記憶容量が飛躍的に増大し、膨大なデータをすべて瞬時に処理できるスピードになり、しかもそれをAIが自分で学習してプログラムを変えていくようになるとすると、人間はそれをどこで止めればよいのか。

それが経済的な合理性を追求するだけならまだしも、政治的または外交的な意味をもってきたとなれば、それに任せてよいのか、という問題が必ず出ると思う。

佐藤　たしかに文化性や思想性の問題が出てきますね。クルマの自動運転で思考実験してみましょう。人間が運転する場合、たとえばすぐ前のクルマが急ブレーキを踏んで追突しそうになったら、こちらも急ブレーキを踏むか、間に合わないと思えばハンドルを右か左に切ってかわそうとする。そのとき、クルマの右側には人がいるが、左側にはいないとすれば、咄《とっ》嗟《さ》の判断で左側にハンドルを切ると思います。咄嗟の判断ですから、計算してとる行動ではありません。

ところが、AI化で自動運転になると、咄嗟の回避行動もプログラミングしないといけない。仮に、道路の右側に二人、左側に一人いる場合は、左に切るようにプログラミングされるでしょう。

では、道路の左右に中学生が一人ずついて、一方は偏差値七三の学校の制服を着ているのに対し、もう一方が偏差値四〇の制服で歩いているとすると、どちらにハンドルを切るか。保険会社と組んでいる以上、事故後の補償金を考えるなら、偏差値が低いほうに切ることになります。

あるいはプログラムのオプションとして、子供を巻き込みたくないので、自分が犠牲になる覚悟で前のクルマに突っ込むこともできるかもしれません。いずれにせよ、緊急時の対応を選択しないといけないわけです。

二〇一〇年、米ハーバード大学のマイケル・サンデル教授による『これからの「正義」の話をしよう』（早川書房）がベストセラーになりました。なぜあのような古典的な倫理の話がアメリカで話題になったのか。その背景には、じつはＡＩ化があったと私は見ています。自動運転を実現するなら、この選択問題にも直面しなければならないからです。経済合理性で保険会社が選択し、人間の価値をカネで測ってよいのか。こういう問題が存在するわけです。

宮家　いまの思考実験でさらに検討しなければならないのは、ＡＩは深層学習しながらプログラミングを自ら進化させていけるということです。その進化のガイディング・プリンシプル（行動規範）については、最初にプログラミングした人間の手を離れてしまう。

佐藤　右側に白人が二人いて、左側に黄色人種が二人いた場合はどうするか。最初のプログラミングの段階では、黄色人種を犠牲にして白人を救うようになっているでしょう。しかし、アメリカの統計によれば保険金はアジア人のほうが高いので、深層学習によって白人のほうにハンドルを切るようになるかもしれない。それを社会がよしとするのか。

最初のプログラミングももちろんですが、ＡＩの開発・進化の過程で、分析するビッグデータそのものに、文化的特性が与件として反映されます。

宮家　おっしゃるとおりですね。

佐藤　事実、宮家さんの危惧したことがＡＩの実験中に起きました。米マイクロソフトが開発・実験中だった、インターネット上で人間とやり取りをすればするほど言葉を学ぶＡＩの「Tay（テイ）」が、ツイッター上でヒトラーを肯定したり、人種差別的な言葉を発したりしはじめた。すると同社は二〇一六年三月に、しばらく実験を中止することを明らかにしました。

宮家　ＡＩが自分で判断し、自分で学習してプログラムを書き換えていく。それが始まったときに人間はどこでそれを止めるのか。これは、ＡＩとの共生を余儀なくされる我々に突きつけられた課題だと思います。

シンギュラリティは一種の宗教的観念

佐藤　この懸念はすでに射程に入っているようですが、どこかで制御がかかると思います。なぜならたとえば、天然痘を生物兵器として利用すれば相当な効果があるはずですが、私たちは天然痘の封じ込めに成功しています。天然痘の株は現在、ＷＨＯ（世界保健機関）とモスクワ、ワシントンＤ．Ｃ．にしかありません。人間にはやはり、危険なものを封じ込める力があるはずです。

宮家　ただし、それは天然痘を人間が管理していたからではないですか？　私が心配しているのは、人間によってＡＩが制御できなくなる時代が来るのではないか、ということです。現在のＡＩは、認識の部分では間違いなく、人間の能力を超えていますから。

佐藤　いわゆる「シンギュラリティ（技術的特異点）」の概念ですね。しかし私は、それほど案じていません。国立情報学研究所社会共有知研究センター長の新井紀子さんの著書『ＡＩ vs. 教科書が読めない子どもたち』（東洋経済新報社）がベストセラーになりましたね。新井さんと対談したとき、彼女はＡＩは意味理解（読解力）に限界があるので、人間の能力を上回るＡＩが完成したり、ＡＩが自らの力で人間の知能を超えるシンギュラリティが到来したりすることはない、と断言されていました。巷間《こうかん》に流布しているような、ＡＩが神になったり、ＡＩが人類を滅ぼすといった言説もすべて誤りである、と。同書では以下のように述べています。

「論理、確率、統計。これが４０００年以上の数学の歴史で発見された数学の言葉のすべてです。そして、それが、科学が使える言葉のすべてです。次世代スパコンや量子コンピューターが開発されようとも、非ノイマン型と言おうとも、コンピューターが使えるのは、この３つの言葉だけです。

『真の意味でのＡＩ』とは、人間と同じような知能を持ったＡＩのことでした。ただし、ＡＩは計算機ですから、数式、つまり数学の言葉に置き換えることのできないことは計算できません。では、私たちの知能の営みは、すべて論理と確率、統計に置き換えることができるでしょうか。残念ですが、そうはならないでしょう」

新井さんの見解を、私の専門である神学的に見ると「有限は無限を包摂することができない（finitum non est capax infiniti）」というプロテスタント・カルバン派の立場と親和的です。

宮家　たしかにＡＩのどの専門家に聞いても、シンギュラリティが仮に実現するにしても、近未来ではないという点で、ほぼ一致しています。現段階では、汎用的なものではなく特定の目的について人間を超える能力をもつにすぎません。しかし、いまのＡＩの延長線上にない真の意味でのＡＩが登場する可能性もあります。シンギュラリティが実現しないと決めつけるのも、まだ早い気がしますが。

佐藤　齊藤元章氏のような「現実がＳＦを超える日は近い」というシンギュラリティに対する確信は、一種の宗教的信念だと思います。新井さんが繰り返し説くように、科学を過信せず、科学の限界を謙虚に知ることが重要でしょう。

数学だけで政治を行なう恐ろしさ

宮家　しかし、冗談で考えたことがあるのですが、ＡＩがある程度進歩してきたら、国会答弁もすべてＡＩに書いてもらいたいね。我々は外務省にいたとき、どれだけ徹夜したかわからないですよ。国会答弁の作業は毎回ほぼ徹夜。夜の十二時を過ぎてから、何時間も働かざるをえず、寝る時間が数時間しかない日が何日も続きます。それをＡＩに肩代わりしてもらえたらいいのに、と。ついでに野党の質問までつくってもらったりして。

佐藤　でも答弁を書くことに充実感を覚える官僚もいますよ。

宮家　私は感じなかった。バカバカしくなってきただけ（笑）。だから質問も答弁もすべてAIでやれたらよい。そうすると、AIで質問をして、AIで答えることになる。ついでにすべて人工音声で発言させれば、ヴァーチャルリアリティで国会審議ができます。

佐藤　もっと簡単な方法になってくると思います。二〇一七年十月の衆議院議員選挙で、議員定数は四七五人から四六五人に減りましたが、さほど抵抗はありませんでした。ならば、四五五人でも抵抗ないはずです。四〇〇人でも、三〇〇人でもよいでしょう。あるいは二〇〇人、一〇〇人、五〇人にしても抵抗はないかもしれない。この操作を繰り返せば、最後は一人でよいという話になります。

これはナチスの初期の理論家カール・シュミットが著書『大統領の独裁』（未來社）で展開している話ですが、民主主義的な委任制度というのは、最終的には独裁に行き着く。つまり独裁と相性がよいのです。それなら、最初からAIに任せたほうがよいかもしれません。そのほうが、パレート最適（効用の最大化が図られた状態）を選んでくれるでしょう。

宮家　少なくとも、徹夜する労力を睡眠か他の政策立案に振り向けることができれば、日本政府の官僚組織の生産性は上がる。半分冗談ですが（笑）。

しかし、こういう一見、科学的な話を過信するリーダーが現れると怖いですね。人間を見ようとしないので。

佐藤　ところが、科学というか数学だけで政治決断しようとした日本の首相がいました。鳩山由紀夫氏です。鳩山氏は決断に関する論文で学位、修士、博士を取得した決断の専門家です。彼の論文を読んだことがありますが、「マルコフ連鎖確率」について述べていて、物事は、歴史などは関係なく直近の事象の影響しか受けない、したがって直近のことと比べるだけで判断すれば最適な意思決定ができるという考え方です。数学の世界では有名な理論で、天気予報や交通渋滞の解消などに活用されています。

宮家　沖縄の基地問題に関する「最低でも県外」発言など、首相時代もその理論を実践されたわけですね。

佐藤　鳩山氏が同志社大学の学生向けの講演で、政治家になった理由やマルコフ連鎖確率を語った内容がインターネット上で公開されています。「生活の中における情報と意思決定」というタイトルで、二〇〇六年の講演です。鳩山氏はマルコフ連鎖確率を説明する事例として、一〇〇〇人の女性のなかから理想的な女性を見つけてプロポーズするには、何番目を選べばよいかを述べています。ルールとしては一回断ると、もう一度選ぶことはできません。

計算式を示して、最初の三六八人目までは付き合いを断り、三六九番目以降で、それまでの三六八人と比べていちばんよいと思う人が現れたらプロポーズするのが正解、と解説しました。

宮家　博士号を取った論文の内容を「お見合い問題」で、学生にわかりやすく説明しようとした、と。

佐藤　そう、鳩山氏はマルコフ連鎖確率理論の日本への導入者であり、信奉者です。理論的には正しいから、政治家、首相としての決断を間違えたとはいっさい思っていないはず。このあたりは、経験値から来る政治家の直感で決断し、間違ったときには反省する小泉純一郎氏と比べてもタチが悪い。ちなみに鳩山氏の息子がモスクワに留学したことがあるのですが、テーマを調べたところ「交通渋滞の解消」でした。理論的にも父親を継承している。

宮家　政治家になった理由もやはり、数学ですか。

佐藤　そのとおり。アメリカ留学から帰国後に父親の鳩山威《い》一郎《いちろう》に呼ばれて、「数学が世の中のためになったためしがあるのか」と聞かれたらしい。由紀夫氏は「新幹線をはじめ、この世の中で数学なしで、まともに動いているものはない」と反論した。威一郎氏は大蔵省（当時）の課長時代に、青函トンネルを複線にした際の予算づけ担当者でもありました。単線にしていれば、コストも安く工期も短縮できたと後悔していたそうです。そこで由紀夫氏は、だからこそ政治には数学が必要で、科学とは無縁の政治によって世の中が動かされているのはたまらないと、政治の道に入ったという。

宮家　それなりに筋は通っていますね。

佐藤　でも、恐ろしいことですよ。科学主義というイデオロギーをもつ人が首相になって、自分の確信する理論だけを頼りに政治決断したあげくに失敗したわけですから。政治は結果責任でしょう。

宮家　政治は人間関係の世界ですからね。数学だけでは政策は実現できない。

軍事戦略がＡＩで一変する

ＡＩは自律型兵器と相性がよい

佐藤　ところで、先の新井さんの著書を読んで思ったのは、ＡＩは兵器利用と相性がよいということです。

自動運転車「グーグルカー」の開発と実験を進めてきたグーグルですが、そのクルマを自社販売する気はないらしい。新井さんによれば、同社は「自動運転車のための画像認識のプラットフォームを各自動車会社に売り、自らは製造物責任を回避しようとしているとの見方がもっぱらです」とのこと。

機械には誤作動があり、外部から悪意をもったマルウエア（不正プログラム）が仕掛けられる可能性もあります。そうした危険を察知して未然に回避するためには、どうしても人間による判断が必要で、それはグーグルが担うべき範疇ではないということでしょう。

宮家　すでに自動車や電車運転の自動化に向けた試験走行が各地で行なわれていますが、本格的な実用化には至らないという見立てですか？

佐藤　そうです。二〇一八年三月の試験走行で、配車サービスの米ウーバー・テクノロジーズの自動運転車が、歩行者を巻き込んだ死亡事故を起こしました。これによってウーバーは、北米での試験走行の中止を発表した。人間の命を預かる仕事では、安全管理が死活的に重要です。近未来にはタクシーやバス、トラックなどの運転手や電車の運転士という職業がなくなるという見方をする人がいますが、私は運転の補助としてＡＩを用いることはあっても、最終的な安全確認と突発事態が生じたときの判断は運転手・運転士が行なうという状態は、今後も変わらないと思います。

先ほどの鳩山氏のお見合いの話でもわかるように、数学に人間の思考と行動のすべてを還元することは不可能です。そもそもＡＩには考えることができないのだから、突発事態に直面した場合に、適切な判断ができないのは当然。安全に関する仕事をＡＩ任せにはできません。

ただし、人を殺さないような自動運転の技術革新が起きるとすれば、人を殺す自律型兵器の開発・活用からではないかと思います。敵を殺傷する無人兵器であれば、なおさら完全な安全の確保は不要です。味方の人的被害は出さずに、相手の戦闘員だけを殺す。自動運転技術で先行するのは、「自律型致死兵器システム（ＬＡＷＳ）」でしょう。

宮家 それは米、英、ロシア、イスラエルにおいて、すでに完成しつつあります。近い将来、実戦配備されるでしょう。中国人民解放軍はより本格的に、軍民融合により民間ＡＩ技術を軍事転用し、戦場の完全無人化をめざしています。ですから、軍事技術がＡＩ化すると死者が増える。

佐藤 イスラエルは飛躍的に能力の高いＡＩ兵器を実戦配備することで、第五次中東戦争の勃発を阻止できるかもしれませんが。いまでさえ戦力差があって、アラブ諸国が第五次中東戦争を仕掛けるのはたいへんです。ＡＩ兵器でもっと多く死ぬとわかれば、抑止効果が高まります。

宮家 これからはＡＩを軍事活用した武力をもつ者が、より強くなる。独裁者もいっそう強くなるということですね。

だとすれば、中国は確実に生き延びる。中国のＡＩ技術革新には目覚ましいものがあります。現在のＡＩ化の核心は深層学習、ビッグデータ、高速演算能力ですが、中国はその技術を国内治安対策に導入し、大きな成果を挙げています。画像認識能力の向上によって、潜在的反政府勢力の弾圧が容易になったのです。

中国国内の社会管理や言論統制など、独裁体制を維持するための活動に応用されるうえ、個人のプライバシー保護など眼中にありませんからね。勝手に一〇億人以上ものビッグデータを活用できる中国共産党の独裁体制は、いっそう強化されるでしょう。そうなれば、次のターゲットは潜在的な敵性国家である日本になるのではないでしょうか。

変化するのは戦争のあり方そのもの

宮家　ＡＩが純粋に技術の場合はニュートラルなものだと思いますが、私はそうではないと考えています。航空機と核兵器、それからコンピュータにバイオテクノロジーの技術は、戦争のあり方を変えてきました。アメリカの専門家のいくつかのレポートに目を通した私の理解が間違っていなければ、ＡＩもその四つに匹敵する技術です。

日本では、ＡＩと軍事技術で検索して出てくる記事のほとんどは戦術的（タクティカル）な話です。その内容はたいてい兵器開発の分野での記事やレポートで、内容的には興味深くとも、私の問題意識とは合致しません。航空機も核兵器もコンピュータもバイオテクノロジーも、国家の軍事戦術を変えただけではない。軍事のストラテジー（戦略）そのものを変えたのです。

たとえば、航空機の普及によって戦略爆撃が可能になりました。次に、核兵器が出てきたことで、戦略兵器として相手国の中枢部を直接狙えるようになった。コンピュータ・ITを駆使したサイバー戦では、その気になれば国民の生命に直結するライフラインの電力グリッド（網）を破壊することもできます。その攻撃力は大量破壊兵器と同等か、それ以上でしょう。AIという戦略兵器（技術）も、地理的条件を中心とした伝統的な地政学上のアドバンテージ（優位）を変えていく存在です。

人類史における戦争の勝者は、つねに最先端技術を駆使した武器を大量に生産できる集団でした。現代はコンピュータによるIT革命の成熟期です。IT関連技術は西側諸国だけでなく、冷戦終結後のグローバル化に伴って、中ロやイランといった新興国にも伝播《でんぱ》・普及していきました。

彼らがとくにサイバー・宇宙戦能力に注目したのは、インターネットが普及した欧米諸国に対して、最も廉価で効果的な「非対称的」攻撃が可能だったからです。弱小国家にとって、伝統的地政学の「距離」という弱点を克服するのに最適な選択だったわけです。

そしていまや、中ロのサイバー・宇宙戦部隊はアメリカに追いつきつつあり、両国のサイバー・宇宙戦部隊は近いうちにアメリカの軍事衛星を破壊する能力を得るだろうと予測されています。中ロ以外では、イスラエル、イラン、北朝鮮などのサイバー戦能力が群を抜いています。

佐藤　北朝鮮のサイバー戦能力は非常に強くなる可能性が高い。国内ではＡＩどころか、いまだに電車のダイヤグラムを鉛筆と定規でつくっているくらい、まったくネットワークがつながっていませんから。そういう連中がサイバーテロ専門集団をつくっているわけで、対サイバー戦の防衛に関しては、最強の国家といえるでしょう。

宮家　国家安全保障上の問題は、いまや先端技術が「ＩＴ」から「ＡＩ」に変わりつつあることです。ＡＩ技術の軍事転用による変化は、ＩＴによる変化とは比べ物にならないほど革命的です。

第三次ＡＩブームの原動力は繰り返しますが、画像認識、深層学習、ビッグデータ処理能力などの飛躍的な高速化です。これらの技術を軍事に応用することで、人間の物理的能力に依存せず、敵・味方の判別から実際の攻撃まですべてをＡＩが行なう、先の「自律型致死兵器システム」が実戦配備されるでしょう。味方の人的損失は極力回避され、戦争のゲームチェンジャーとなる可能性を秘めています。

佐藤　しかも、そういう脅威が指摘されていても、規制は難しいですからね。

宮家　そのとおりです。規制論がある一方で、兵器の無人化により危険地域での自国兵の被害が減るからという理由での推進論もあります。しかも、民間主導で急速に発展しつつあるＡＩ技術の軍事転用を条約などで規制することは、航空機や核兵器と同様、事実上、不可能でしょう。

佐藤　それは歴史が示すとおりですね。ＡＩの軍事応用については世界各国が進めていますが、最も進んでいる国の一つが先に挙げたイスラエル。限られた人口でアラブやイランからの脅威に対して優位を維持するためには、ＡＩが不可欠であると考えているのではと思います。

ＡＩ兵器が「核抑止論」を変える日

宮家　現時点で、私の疑問に多少なりとも答えてくれる資料が、二〇一七年七月にハーバード大学ケネディ行政大学院の研究機関であるベルファー科学・国際情勢センター（ＢＣＳＩＡ）が発表した「ＡＩと国家安全保障」という報告書です。ＡＩは国家安全保障に軍事・情報・経済的優位を与えるものであり、ＡＩ関連兵器の軍備競争は不可逆。したがって、政府は軍民協力を促進してＡＩ技術の研究・開発を進めるとともに、その管理や対ＡＩ技術の研究も必要、といった内容です。

この報告書を踏まえると、ＡＩと軍事の関係は、大きく以下の四点に整理できると思います。

①ＡＩが国家軍事戦略を変えるということは、ＡＩが核兵器に代わり、「戦略兵器」になりうることを意味する。戦略兵器とは、それだけで敵の戦意を喪失させ、自らの勝利を保証する究極兵器である。

②ＡＩ兵器が敵の戦意を喪失させるとは、核兵器を使わずに、ＡＩ兵器だけで、敵国の「大量破壊」が可能になるということだと考えられる。

③現在、核兵器は「使いにくい」兵器となりつつあるが、ＡＩ兵器は従来タブーだった「大量破壊」をより容易に、かつＡＩだけの判断で、実行しうるようになる。

④これを阻止するには、敵のＡＩ軍事能力を減殺する「対ＡＩ軍事技術（カウンターＡＩ）」

を実用化していくしかない。

佐藤　ＡＩ兵器が核兵器より「使いやすい」兵器になるという指摘は正しいですね。ＡＩ兵器の誕生は、従来の「核抑止論」を根本的に変える可能性がある。

宮家　これまで世界のバランス・オブ・パワーは、米軍など大国相互の「核抑止力」で保たれ、各国の軍事戦略もそれを前提にしています。しかし、ＡＩの軍事応用はこのバランスを崩しかねない。さらに、小国や非政府組織が「ＡＩ戦略兵器」を入手したらどうなるか。ＡＩ抑止力はほんとうに機能するのか。疑問は尽きません。

報告書はＡＩ兵器が国家戦略を変える可能性を理解しつつ、それが制御不能で危険となりうるとの前提で「安全性」を高めていくこと、それに加えて、敵のＡＩ兵器の能力を無力化するカウンターＡＩの開発を提言していますが、技術的にはカウンターＡＩよりも攻撃用ＡＩのほうが、容易でコストが安価なのもたしかです。

実際に、アメリカではすでに、ＡＩ技術を活用した新兵器が国家戦略自体を変えるという前提で、ＡＩ兵器の安全性とカウンターＡＩの開発が議論されています。弾頭の小型化が進む核兵器ですが、使いにくい兵器であることに変わりはなく、ＡＩ兵器は核兵器に代わる大量破壊の手段となりうる。核拡散のリスクが高まるなか、大量破壊兵器の種類がさらに増えるでしょう。

佐藤　本来なら日本もＡＩ技術の軍事応用を進めるべきなのでしょうが、いまの日本にはＡＩを軍事に応用するという発想そのものがありませんね。

宮家　ＡＩの軍事応用そのものが難しいなら、せめてカウンターＡＩの研究くらいはいまからでも遅くないわけですから、予算をつけて始めるべきだと思います。

第6章

民主主義はもう限界なのか

独裁者の登場を望む国民たち

到来した「新・帝国主義」の時代

宮家　少し古い話になりますが、二〇一六年に伊勢志摩サミットがありましたね。当時、各国から七人の首長が集いましたが、いまもなお同じ地位にいるのは、ドイツのアンゲラ・メルケル首相とカナダのジャスティン・トルドー首相、それに日本の安倍晋三首相だけです。

あの後、まずイギリスのデービッド・キャメロン首相がコケて、イタリアのマッテオ・レンツィ首相がコケて、フランスのフランソワ・オランド大統領がコケて、アメリカのオバマ大統領が八年の任期を終えた。トルドーはまだ若いので、長く残っているのはメルケルと安倍首相だけ。そのメルケルも、二〇二一年に任期満了で退任すると表明しました。

どうしてそうなったか。おそらく世界的に民族主義的かつポピュリズム的な大嵐が吹き荒れていることが原因だと思います。だからイギリスでは国民投票でEU離脱が決まり、アメリカではトランプ政権が誕生し、フランスでは極右政党党首のマリーヌ・ル・ペンが善戦し、オランダやオーストリアなどヨーロッパ各国でも極右の動きが力を増している。ドイツでもついに、反EUを掲げるAfD（ドイツのための選択肢）という第三党が出てきました。

いずれも傾向としては、排外主義的で差別主義的な傾向の強い民族主義と、それから民主主義の一側面としてのポピュリズムが合体している気がします。

佐藤　私はいまの世界を、「新・帝国主義」の時代であると分析しています。昔の帝国主義のように植民地を獲得するのではなく、外部からの搾取と収奪によって生き残りを図るというのが、その意味です。

そのため、二つの異なったベクトルの引っ張り合いが繰り広げられることになる。一つはグローバル化の進展で、もう一つは国家機能の強化です。グローバル経済が浸透するほど、先進各国では格差拡大や雇用不安が広がり、それは結果として社会不安につながります。国家がそれを抑えるには、自らの機能を強化するしかない。

宮家　そういえば少し前、私はワシントンD.C.でジャーナリストのトーマス・フリードマンに久しぶりに会ったんですよ。彼はベストセラー『フラット化する社会』（日本経済新聞出版社）の著者として著名ですが、あなたは間違っていたのではないか、といじめてみたんです。世界はまったくフラット化していないじゃないか、と。

すると彼は、『フラット化する社会』より前に書いた『レクサスとオリーブの木』（草思社）こそ、ほんとうに自分のいいたかったことだ、と答えました。

ここでいう「レクサス」というのは、ハイテクとグローバル化の象徴です。そして「オリーブの木」というのは、人間にアイデンティティを与える宗教や国家や共同体などを指している。彼によれば、冷戦終結後の世界はこの二つがずっと共存し、相対立してきた。その状態は今後も続くというのです。佐藤さんが指摘されたとおり、まさに二つのベクトルの引っ張り合いですね。

佐藤　それを象徴するのが、昨今でいえばビットコインをはじめとする仮想通貨です。ハイテクとグローバル化によって国家をやすやすと飛び越えていますが、通貨発行とは本来、国家の重要な調整機能です。両者がぶつかり合うのは必然でしょう。

宮家　そうですね、それで両者とも生き残ると思いますが、その両者が折り合いをつけることはできるのか。

佐藤　折り合いのつけ方は、先にも述べたように、各国の文化類型に関係してくるのではないでしょうか。アメリカにはアメリカの、中国には中国の、サウジアラビアにはサウジアラビアの折り合いのつけ方というものがあり、それぞれに異なると思います。

民主主義では危機に対応できない

佐藤　ただし共通していえるのは、国民がそういう政策を実現できる強いリーダーを望んでいるということです。それが、一連の退陣劇や交代劇を生んでいるのではないか。

たとえば中国の習近平にしても、ロシアのプーチンにしても、しばしば「独裁者」と見られがちですが、本人が望んでそうなっているわけではないと思います。本来なら、政策は民主的な手続きを経て、国民のコンセンサスを得ながら実現していくものでしょう。あるいは新しい指導者のもと、慣らし運転をしながら少しずつ方向転換を図るということもあると思います。

しかし国際情勢の変動が激しい昨今、そんなことをしている余裕はない。典型的なのは、経済危機対応や武力行使を伴う判断です。議会の承認などを待っていては、甚大な被害につながりかねない。だから、できるかぎり手続きにかかる時間やコストを省き、迅速な決定を可能にしたい。そういう国民の危機意識が「独裁者」を支えているのだと思います。

実際、習近平にもプーチンにも、国内に複数の支持グループが存在します。いわば彼らの都合で、習近平やプーチンが独裁者に仕立てられていると見ることもできます。これは、国家としての生き残り本能でしょう。

宮家 なるほど。とくにヨーロッパの場合、移民・難民の流入という問題に直面していますね。私はイギリスの友人から、「それによって人々は既得権の喪失を本能的に恐れている」という話を聞いたことがあります。それがグローバリズムとEUに対する怒り・不信となり、大衆迎合主義的な民族主義を台頭させている、と。ヨーロッパで相次いだリーダーの交代は、この話に合致しています。

佐藤 だから「独裁」というのは、世界的な流行になりつつあります。国民が自分や自国の安定を望むほど、国家の体制としては独裁の方向に近づく。しかも現在の世界的な危機は、間違いなく構造的かつ長期的なものです。その状況に「国家と国民の利益のため」という大義名分のもとで対応するとなると、独裁も長期化するはず。

少なくとも、民主主義が十分に機能していると思い込んでいると、現実政治の実態を大きく見誤ることになります。

ファシズム化する世界の行方

ヨーロッパの「フェイク民主主義」

宮家　ヨーロッパの政治体制は、アメリカと大きく違いますね。たとえば第2章のアメリカの話のなかで、黒人大統領や女性大統領候補はまだ早すぎたという指摘がありました。たしかにそういう面もあると思いますが、一方でヨーロッパに目を転じると、すでに女性の首相も女性の閣僚もいます。あるいはフランスの右派政党である国民戦線のル・ペンのような女性政治リーダーも登場している。なぜヨーロッパはアメリカと違うのでしょうか。

佐藤　ヨーロッパにおいて政治というのは、エリートゲームの位置からなかなか外れないからではないでしょうか。ル・ペンもエリートですよね。

宮家　ほんとうの、つまり大衆による民主主義ではない、ということ？

佐藤　そうです。ある意味では「フェイク民主主義」。それが、光と闇の乖離がさほど起きないという安全システムとして働いていると思います。その点で見ると、ちょっと異質だったのはフランスのニコラ・サルコジ大統領です。

宮家　彼は移民でしたからね。

佐藤　移民で、なおかつ極端に上昇志向が強い。だから同じフランスの有名な歴史人口学者エマニュエル・トッドは彼を叩くわけです。トッドの場合は物事をシニカルに見つつ、なおかつリベラルな価値観に近いので、あんな成り上がり者は許さないというスタンスになる。

宮家　それはよくわかる。ヨーロッパはそうですよね。

佐藤　それからメルケルにしても、あまり注目されませんが、彼女は牧師の娘です。一九六七〜六八年まで東西ドイツの教会は一緒でしたが、以降は東ドイツの教会が自立するようになって、そのときに選択を迫られたお父さんは東側に残った。その意味では東ドイツの社会主義統一党に近い系統の牧師でしたが、両方の国で牧師をやるのは、エリートの証拠です。

あるいは教育制度にしても、成績がよいからといって簡単に大学に行けるわけではない。それにドイツの姓名にはいまだに「フォン」が入る人がいますが、あれは貴族だけが冠することができる、家や領地に対する称号です。つまりヨーロッパは、我々が考えるほどに民主的ではない。

宮家　ヨーロッパは基本的に階級社会ですよね。アメリカはその階級社会の束縛から逃れてきた人たちがつくった国ですが、結局は「新たな階級」がつくられてしまった。

佐藤　ただヨーロッパの階級は、経済力とは直接はリンクしません。それに対してアメリカの階級は、経済力とかなりリンクします。

宮家　だから、アメリカは入れ替わるチャンスがある。流動性が高いわけです。しかし、おっしゃるとおりヨーロッパは固定的。その意味では、アメリカの大衆民主主義のほうがブレが出やすくて、ヨーロッパのエリート民主主義は固定化しやすい、ということでしょうか。

人の心は簡単にグローバル化できない

佐藤　私がそれを非常に痛感した国の一つはイギリスですが、意外とロシアでもそうでした。ロシアで政治エリートになれるのは、やはり元をたどれば帝政ロシア時代の貴族だったり、革命運動家の末裔だったりした。ほんとうの叩き上げの政治家といえば、レオニード・ブレジネフやコンスタンティン・チェルネンコくらいでしょう。

つまり共産党中央委員会で実際の国家を切り盛りしていた連中というのは、プロレタリアートの代表を標榜していても、ルーツはみなエリートです。庶民と何が違うかといえば、教育です。彼らは小学生時代から公教育だけではなく、たいてい家庭教師がついている。帝政ロシア時代のエリート教育が、共産主義体制になっても生き残ってきたわけです。ソ連科学アカデミーにとどまっているインテリは、まさに典型でした。

宮家　中国にも同じような傾向がある気がしますね。やはりインテリの子はインテリで、脈々と受け継がれてきた感がある。文化大革命でそうとう減りましたが、まだエリート層はかなり残っていると思います。

それを如実に示しているのが、農民を都市に入れないこと。エリートは都市に集中していますからね。おそらく戸籍制度も、エリーティズムに則《のっと》ってつくられているのでしょう。そうでなければ、社会主義であれほど格差が開くことが説明できない。

佐藤　そのとおりだと思います。だからヨーロッパにしろ、ロシアにしろ、中国にしろ、アメリカほどフラットになっていない社会では、よほど人為的に無理してフラットにしていかないかぎり、プレモダン的なものが残り続ける。そしてひとたびモダンなものが崩れかけてくると、そのプレモダン的なものが首をもたげてくる。

宮家　中東もそう。そう考えると、じつは文明というものは、あまり変化していないのかもしれません。経済システムはグローバル化しても、人の心はそう簡単にグローバル化できない。すべての人間は平等と頭では理解しても、本心ではそう思っていないんです。昔から引きずっているものがあるわけですから。

佐藤　そこで引きずっているものは意外に大きい。だから逆に、理念としての平等やフラットが重要になるわけです。それを受け入れず、昔のままでよいということになると、それは人間の社会をめちゃくちゃにする可能性がある。

宮家　その点で先を行くアメリカですら、経済的な多寡《たか》を前提とした階層化が進んでいます。そのなかで低位にいる非白人は、白人リベラルから「かわいそう」という一種の理想主義に則ったプロテクションを与えられていますが、低位の白人に対してはそういうプロテクションがありません。彼らは社会から忘れ去られているんですよね。

ファシズムの本質とはいったい何か

佐藤　そこで今後、各国で反動的に懸念されるのがファシズム化です。だいたい日本で「ファシズム」というと、ナチス・ドイツを思い浮かべる人が多い。あるいは、自由主義・共産主義を排撃する「極右の国家主義的政治形態」と考えられがちです。

しかし、本来のファシズムは少し違います。もともとは第一次世界大戦時のイタリアに登場した「ファシスト党」の政治活動や思想を指す言葉で、一言でいえば、失業・貧困・格差などの社会問題を、国家が社会に介入することによって解決することをめざす、ということです。

その観点で現状を見ると、まさにいまは資本主義によって格差が拡大している最中です。それに対抗する提案として、かつて有力だったのが共産主義ですが、いまではそれほど魅力がありません。また共産主義を少し緩めたのが社会民主主義ですが、その魅力も消えうせた。

そこで、国家の介入によって再分配をしようという発想になるわけです。たとえば昨今の企業は、内部留保をひたすら増やしている。企業の論理からすれば、先行き不安があるから当たり前です。それを国家の力で無理やり吐き出させるのは、もう典型的なファシズムの考え方です。

そしてもう一つ、ファシズムの重要なキーワードが「生産性」です。労働者に対して労働を強制し、「働かざる者、食うべからず」を徹底する。つまり国家の介入によって格差を是正するとともに、生産性を向上していこうというわけです。こういう一体的な国家運営が、ファシズムの特徴です。

生産性の向上をめざすという意味では、じつは新自由主義とも相容《あいい》れる部分がある。しかし決定的に違うのは、ファシズムがフリーライドを容認しないことです。生産性のない者に対して非常に敏感で、タダ乗りは決して許さない。

言い換えるなら、これは排除の論理ということでもあります。内側と外側、我々と彼ら、味方と敵を明確に分ける。自民党の杉田水脈《みお》さんが「ＬＧＢＴには生産性がない」と論文に書いて大騒ぎになりましたね。生産性がないから排除してよいというのは、まさにファシズムの発想です。

だから、能力や適性の個人差は問われない。それぞれの能力や適性に応じて国のために一所懸命頑張っていれば、その努力は評価される。そういう人は収入が低くても、国家が再分配で補ってくれるわけです。しかし働こうとしない人、一所懸命やらない人、あるいはその国家の体制に異議を唱える人に対しては、「非国民」として容赦なく排除していく。

宮家　そうすると、そのファシズムはどこから始まりますか？　たとえば、ヨーロッパなら……。

佐藤　ヨーロッパなら、すでにEUのなかにその根っこがある。第4章で議論したように、内燃機関をやめてEVに変えていこうというのも、その一つだと思います。彼らの根っこの部分には、中東への依存度を減らしたいという意識が明らかにありますよね。

宮家　そういう意識は根本的にあると思います。

佐藤　それからEVの普及については、我々の生活圏の環境を守りたいという衝動がある。CO_2が出てくるのはイヤ、ヨーロッパはきれいでありたい、他の地域のことは知らないから勝手にやってください、と。

とくにドイツの場合、環境保全と称してゴミを一七種類にも分別させているでしょう。それでリサイクルに回したり、焼却炉で焼いたり。しかし、いまは対象がゴミに向かっているからよいですが、それがいつ人間に向かうかはわからない。

実際、七十年以上前までは人間を分別していたわけです。アウシュヴィッツ強制収容所にしても、全員を殺していたわけではない。そこから労働力として、どれだけ絞り取れるかを冷徹に計算していたのです。ヨーロッパには、そういう怖さがある。

だから今後、ヨーロッパ各国において自国優先主義が台頭する恐れがあります。それは必ずしも移民など外の人間を受け入れないということではなく、国家のために貢献している人だけ認めるという発想です。ナチスが説いた「血と土」のようなイデオロギーではないですが、要するに、「一人は万人のため、万人は一人のため」という感じです。一方で、外部に対しては無関心。たとえば朝鮮半島の危機に対しても、ヨーロッパはものすごくシニカルでした。別に核爆弾が爆発しても、ヨーロッパまで影響は及ばないから関係ない、と。

ついでにいえば、最近のイギリスのBBCやドイツのテレビには、恐竜番組が多い。おそらくこれは、人類の生存に対する危険の認識の高まりを反映している気がします。恐竜は生態系の頂点まで上り詰めたのに、あるとき突然滅びてしまった。ヨーロッパ人は、そんな終末論的な感覚をもっているのではないでしょうか。

じつはトランプに親和的なヨーロッパ

佐藤　それからヨーロッパにおいて、トランプのキリスト教的な要素は案外嫌われていません。ヨーロッパ人はトランプをバカにしているイメージがありますが、そうでもない。その言動を、皮膚感覚では理解しているんです。

宮家　トランプ政権を去ったバノンがアメリカにいられなくなり、イタリアに渡って極右政党に指南をしたり、講演を行なったりしていましたね。ヨーロッパで似たような人たちがいるから、こういう機会をもてたわけです。その意味では、やはり通じるところがある。

佐藤　あるいはエルサレムへのアメリカ大使館の移転についても、ヨーロッパは表面上、文句をつけていますが、じつはさほど嫌がっていません。というのも、パレスチナに対する同情度が、以前に比べて格段に低くなっているから。少なくとも私には、そう見えて仕方がないんです。

さらにいえば、朝鮮半島に対してトランプがやっていることも、キリスト教的な感覚からすると、平和をもたらすように見えるんですよ。だからトランプに対して政治的な反発はありますが、宗教的な事件や反抗は起きていない。もしかすると、トランプは基本ソフトの部分で、キリスト教徒たちの心を摑んでいるのかもしれない。

宮家　大きな流れでいえば、ヨーロッパが力を失っていったのは十九世紀から二十世紀にかけてです。さらに二十一世紀になると、中東がより力をもつようになった。しかし私にいわせれば、そもそも十六世紀にキリスト教がカトリックとプロテスタントに分裂したあたりから、後退の兆しはあったように思います。

佐藤　そのとおりです。

宮家　それでプロテスタントがアメリカに流れ、独立を果たした。その経緯から考えると、アメリカこそヨーロッパにとって末裔であり、最後の力の象徴であるわけです。だからトランプに対して「下品な野郎が出てきた」と思う半面、中国や中東に比べればマシで、ずっと仲間意識があると思いますね。

“ポスト安倍”と日本のファシズム

宮家　そこで問題は日本です。ファシズムに走りますか？

佐藤　ファシズム的にはまとめにくいと思います。戦前の日本は、資源に乏しい「もたざる国」だったので、ヨーロッパやアメリカに対抗するために天皇という存在によって国を一つに束ねようとしました。その推進役だったのが、権力の中枢にいた旧陸軍です。彼らの立場はほぼ、官僚と同じでした。

官僚制というのは、ファシズムととても相性がよい。ファシズムでは、人間は群れをつくる動物であり、集団には群れを率いるエリートが必要だと考える。そのエリートが高級官僚であり、戦前でいえば、その統合組織として近衛文麿が結成したのが大政翼賛会ですね。

ところが、その中心に位置する天皇自体が権力をもてなかった。明治憲法で、政治は司に任せるというかたちにしたから。だから大政翼賛会は空洞化した。つまりファシズムを推進する機関をもてなかったわけです。これは現在でも変わりません。

宮家 その意味では、戦前の日本もファシズムではなかったということですか？

佐藤 政治学者の片山杜秀《もりひで》さん流にいえば、「未完のファシズム」ということになります。日本では特定の人間が独裁できないから、東條英機がいくつもの閣僚を兼任した。しかし戦時下ですら、その東條に対してファッショであるという批判が出ました。結局、日本というのは独裁者によるファシズム型の統合が非常に難しい。これは重要な指摘だと思います。

ファシズムには、大統領的なポピュリズムが絶対に必要です。だからファシズムを志向したい人たちは、最終的に大統領制をめざす。直接国民から選ばれているリーダーなら、リーダーシップを発揮できますから。

宮家 ただし、日本にも「ダークサイド」がありますよね。よく「失われた二十年」という言い方がされますが、たしかにバブル崩壊以降、単純に二十年が経過したわけではなかった。仕事とか、所得とか、安定的な生活とか、いろいろなものが失われている。そういう「ダークサイド」が、そろそろ爆発してもおかしくありません。

佐藤　それが、安倍さんの支持率がなかなか下がらない理由だと思います。安倍さんというのは、絶妙なポジションにいる。まず東大卒ではないから、いわばいまの学歴社会においては〝偏差値競争弱者〟。それから身体に持病を抱え、子供もいない。その意味では、たしかに毛並みはよいが、すべてにおいて満たされた人ではない。だからいろいろな方面の人にとって、「我々の味方だ」と感情移入しやすいのではないでしょうか。

これと似て非なる存在がトランプで、彼は学歴も出自もエリートですが、「ダークサイドの味方」を標榜して支持を集めている。ついでにたいへんな金持ちでもありますが、アメリカには日本と違って金持ちを尊敬する文化がありますから。

宮家　そのとおりですね。安倍さんのある意味でユニークなキャラクターが、国内の「ダークサイド」を抑え込んでいる。

佐藤　まさに奇跡的な能力でしょう。たとえば北方領土問題を二島返還プラスアルファで手を打とうとしても、慰安婦問題の日韓合意にしても、「安倍ちゃんがやるならいい」と認めてしまうわけです。この状況は冷静に見ておく必要がありますね。

宮家　そこで問題なのは、では、誰がその跡を継げるのか、ということ。これはなかなか簡単ではありません。

佐藤　当面、〝ポスト安倍〟は安倍晋三しかいないという状況が続きそうです。その安倍さんについて、興味深い点が二つあります。一つは本人の心象風景として、「保守派がマイノリティであり、虐《しいた》げられてきた」という意識が強いこと。そしてもう一つは、安倍さんの言動を適宜、理論化する識者的な人物が登場するということです。本人は逆にそれを聞いて、あらためて使命感に燃えているのではないでしょうか。ただし、かなりきわどいところで辻《つじ》褄《つま》合わせをしているので、いつ破綻しないともかぎりませんが。

おわりに

宮家邦彦氏は優れた戦略家である。そのことは本書の読者には納得していただけると思う。机上の空論を弄ぶ一部の国際政治学者とは異なり、宮家氏の分析は、外交官としての知識と経験に裏づけられている。宮家氏は、英語、アラビア語、中国語に堪能で、実務においてもアメリカ、中東諸国、中国を担当している。理論と経験を結びつける強靭な知力が宮家氏には備わっている。

現在の国際情勢は、きわめて混沌としている。こういうときに役に立つのが、地政学と思想史だ。

地政学とは、政治に与える地理的制約条件を重視するものの見方、考え方だ。時間を経ても、地理的要因は変化しない。地政学においては、大陸国家と海洋国家という二つの基本類型が存在する。大陸国家は領域的拡張を、海洋国家はネットワークの形成を重視する。半島には、大陸国家と海洋国家の双方の要素がある。韓国は、一九五三年に北緯三八度付近で軍事境界線が引かれたことにより、大陸から切り離され、海洋国家的な発展をした。それが、アメリカにトランプ大統領が誕生し、北朝鮮との関係を劇的に改善する決断をあまり深く考えずに行なったため、北東アジアの勢力バランスが急激に変化することになった。つまり軍事境界線が解消することにより、韓国が大陸（具体的には中国）に引き寄せられていく。

思想に関しては、宮家氏が「ダークサイド」と呼ぶ民族主義、さらに急速に発展するＡＩの背景にも、それを支える思想がある。これらの思想を現実の出来事と関連づけながら論じたところにも、本書の特徴がある。

本書を上梓するに当たっては株式会社ＫＡＤＯＫＡＷＡの藤岡岳哉氏にたいへんにお世話になりました。どうもありがとうございます。

二〇一九年一月九日

佐藤　優

佐藤　優（さとう・まさる）
1960年東京都生まれ。作家・元外務省主任分析官。85年同志社大学大学院神学研究科修了後、外務省に入省。本省国際情報局分析第一課において、主任分析官として対ロシア外交の最前線で活躍。『国家の罠』（新潮文庫）で第59回毎日出版文化賞特別賞、『自壊する帝国』（新潮文庫）で第５回新潮ドキュメント賞、第38回大宅壮一ノンフィクション賞を受賞。近著に、『十五の夏』（幻冬舎）、『官僚の掟』（朝日新書）などがある。

宮家邦彦（みやけ・くにひこ）
1953年神奈川県生まれ。外交政策研究所代表。78年東京大学法学部卒業後、外務省に入省。外務大臣秘書官、在米国大使館一等書記官、中近東第一課長、日米安全保障条約課長、在中国大使館公使、在イラク大使館公使、中東アフリカ局参事官などを歴任。2006年10月〜07年９月、総理公邸連絡調整官。09年４月よりキヤノングローバル戦略研究所研究主幹。著書に、『語られざる中国の結末』『哀しき半島国家 韓国の結末』（以上、PHP新書）などがある。

世界史《せかいし》の大逆転《だいぎやくてん》

国際情勢《こくさいじようせい》のルールが変《か》わった

佐藤《さとう》　優《まさる》　宮家邦彦《みやけくにひこ》

2019 年 2 月 10 日　初版発行

発行者　郡司 聡
発　行　株式会社KADOKAWA
〒102-8177　東京都千代田区富士見 2-13-3
電話　0570-002-301（ナビダイヤル）
編集協力　島田栄昭
装 丁 者　緒方修一（ラーフイン・ワークショップ）
ロゴデザイン　good design company
オビデザイン　Zapp!　白金正之
D T P　有限会社エヴリ・シンク
印 刷 所　株式会社暁印刷
製 本 所　株式会社ビルディング・ブックセンター

角川新書

ISBN978-4-04-082242-6 C0230